세상을 바꾼 그들의 사랑 02

종교인의 연애

일러두기

이 책에 사용된 사진과 그림은 출처 및 저작권을 확인해 정상적인 절차를 밟아 사용했습니다.
사진의 출처와 저작권은 마지막 면에 정리돼 있으며, 일부 누락된 부분은 확인 과정을 거쳐 반영하겠습니다.

세상을 바꾼 그들의 사랑 02

종교인의 연애

초판 1쇄 인쇄 _ 2015년 4월 21일
초판 1쇄 발행 _ 2015년 4월 30일

지은이 _ 김형수, 성해영, 오강남, 유진월, 이충범, 현경

펴낸곳 _ 바이북스
펴낸이 _ 윤옥초
기획·책임편집 _ 도은숙   **외주교정** _ 김진한
편집팀 _ 김태윤, 이현숙
책임디자인 _ 김미란
디자인팀 _ 이정은, 이민영

ISBN _ 978-89-92467-97-1 04080
        978-89-92467-94-0 (세트)

등록 _ 2005. 7. 12 | 제 313-2005-000148호

서울시 영등포구 선유로49길 23, 1005호(양평동4가, 선유도역2차 아이에스비즈타워)
편집 02)333-0812 | 마케팅 02)333-9077 | 팩스 02)333-9960
이메일 postmaster@bybooks.co.kr
홈페이지 www.bybooks.co.kr

책값은 뒤표지에 있습니다.

책으로 아름다운 세상을 만듭니다. - 바이북스

종교인의 연애

김형수

성해영

오강남

유진월

이충범

현 경

바이북스
BY Books

이 책을 읽기 전에

사람의 인생에 큰 영향을 미치는 요소는 당대 역사, 타고난 재능과 외모, 성장 배경 등 아주 다양하다. 각각의 요소는 얽히고설켜 한 사람의 인생을 좌우한다. 그 가운데 연애 사건은 어떨까? 물론 연애란 앞에서 열거한 항목의 하위 항목인지도 모른다. 그러나 때로 하위 항목이 상위 항목을 떠올리지도 못하게 할 만큼 큰 소리를 내기도 하는데, 연애 사건이 바로 그러한 예가 아닐까. 특정 대상을 그리워하고 사랑했던 경험을 배제한 채 그 사람이 어떤 인생을 살았는지 전부 말했다 할 수 있을지 의문이다.

시리즈 〈세상을 바꾼 그들의 사랑〉은 이런 생각에서 출발했다. 굳이 각 권 제목마다 '사랑'이라는 아름다운 말보다 '연애'라는 통속적 느낌의 단어를 앞세운 이유는, 사랑이라는 말이 추상적인 느낌을 준다면 연애라는 말은 구체적 행위성을 좀 더 잘 나타낸다고 생각했기 때문이다. 남과 여, 남과 남, 여와 여가 만나 서로 그리워하고 귀하게 여기고 때로 집착하기도 하는 것은 단순히 감정에 그치지 않고 대단히 실제적 행위로 연결되기 때문이다.

그렇다면 인문, 사회, 과학, 예술 등의 분야에서 탁월한 업적을 남긴 사람에게 연애는 어떨까? 범인의 연애와 마찬가지 아닐까? 그들도 세상에 널리 알려지기 전에는 보통 사람이었으며, 사랑은 동서고금·남녀노소를 가리지 않고 집요하게 파고드는 불가항력의 감정이기 때문이다. 물론 특별히 이들의 연애사에 관심을 기울이게 된 데는 비범한 사람의 연애라면 보통 사람의 연애와는 다른 '한 끗'이 있으리라는 기대를 품었기 때문이다. 예상은 적중했다.

소설가 보부아르는 철학자 사르트르가 작업 멘트로 날린 "자유, 글 쓰는 삶, 제도 밖의 사랑"에 경도되어 그와 함께 평생 이 세 가지를 격정적으로 실천했다. 철학자 니체는 정신분석학자 살로메에게 실연당한 뒤 불후의 걸작 《차라투스트라는 이렇게 말했다》를 써냈다. 뿐인가. 예수회 사제였던 카를 라너는 소설가 루이제 린저를 만나 이미 급진적이었던 자신의 사상을 더욱 발전시켜나갔고, 기독교 신비가 마저리 켐프는 남편과는 금욕을 서약한 뒤 파격적인 종교 행보를 펼침으로써 중세의 정치적·종교적 한계를 넘어섰다. 또한 과학자 아인슈타인은 스위스 취리히 공과대학 동급생이자 부인인 밀레바 마리치의 공헌으로 자신을 세기의 과학자 반열에 올린 세 가지 발견(상대성 이론, 광전 효과, 브라운 운동)을 이루어냈고, 악마의 현신이라 불려도 과하지 않을 히틀러조차 죽음 직전에 한 일이 에파 브라운과의 결혼식 거행이었다.

이에 〈세상을 바꾼 그들의 사랑〉은 인류의 지성사·정치사·예술사를 이끌었던 이들이 남긴 자취의 공과를 '연애'라는 아주 사적이고 내밀한 사건을 중심으로 들여다볼 것이다. 또한 동서고금 인간에게 지대한 힘을 발휘하는 연애란 무엇인지 생각해보는 계기도 제공한다.

다만, 100명이 연애하면 100가지 연애 이야기가 나온다는 누군가의 말처럼 이 연애 사건을 한 사람의 시선으로 풀어내는 것은 독자의 시야를 좁히는 결과를 낳으리라는 우려가 있었다. 분야별로 권을 나누어 이야기를 전개하되, 한 분야를 6인 이상의 저자가 각기 다른 인물을 선택해 풀어나갈 것이다. 또한 인류의 역사가 오랫동안 남성 중심으로 전개돼온 탓에 각 분야의 권위자는 대개 남성이라는 한계가 있는데, 이러한 가운데에서도 빛을 발했던 여성의 이야기도 최대한 담아낼 것이다.

〈세상을 바꾼 그들의 사랑〉이 들려주는 연애 이야기, 그 이야기를 중심으로 전개되는 각 분야의 지식을 접하며 어렵게만 여겼던 철학, 종교, 정치, 과학 등에 한 발짝 다가가게 된다면 좋겠다. 더불어 이 책을 통해 자신이 해왔거나, 하고 있거나, 앞으로 할 그리고 분명히 인생의 전환점인 사랑에 대해 자신만의 고유한 관점을 갖추게 된다면 더없이 좋겠다.

바이북스 편집부

차례

"오늘 새벽에 당신을 만났었죠.
그 꿈이 아쉬워서 오래오래 누웠다가 늦게 일어났지요.
지난번 접견 때의 그 신선한 아름다움이
봄길의 향기로 코끝에 그대로 남아 있는 거죠."

문익환 & 박용길

꿈은
하늘에서
내려온다

김형수

1959년 전남 함평에서 태어났다. 1985년 《민중시2》에 시로, 1996년 《문학동네》에 소설로 등단했으며, 1988년 문예지 《녹두꽃》을 창간하면서 비평 활동을 시작했다. 다양한 장르를 넘나드는 정열적인 작품 활동, 그리고 치열한 논쟁을 통한 새로운 담론 생산은 그를 1980년대 민족문학을 이끌어온 대표적인 시인이자 논객으로 불리게 했다. 주요 저서로 시집 《빗방울에 대한 추억》, 장편소설 《나의 트로트 시대》 《조드-가난한 성자들 1, 2》, 소설집 《이발소에 두고 온 시》, 평론집 《반응할 것인가 저항할 것인가》 《흩어진 중심-한국문학에서 주목할 장면들》, 평전 《문익환 평전》, 대담집 《두 세기의 달빛-시인 고은과의 대화》, 창작자를 위한 이론집 《삶은 언제 예술이 되는가》 등이 있다.

한국의 감옥은 그렇게 신나는 곳입니까

문익환文益煥, 1918~1994의 이름을 앞세워서 하필 연애 이야기를 시작하는 것이 누군가에겐 한심해 보일지도 모를 일이다. 실상 그는 신학자이면서 시인이요, 목사이면서 재야 운동가였다. 그의 생애는 릴케의《기도시집》을 읽던 고요한 시절에서 광야에 홀로 선 제사장처럼 독재자의 핍박 속에서도 포효를 멈추지 않던 시절까지 폭넓게 펼쳐져 있다.

문익환 하면 대부분의 사람들은 우리 역사에 유례없는 발자취를 남긴 북한 김일성金日成, 1912~1994 주석과의 만남을 떠올릴 것이다. 그가 이 땅의 곤혹과 딜레마를 가로질러 '죽임의 역사를 살림의 역사'로 바꾸기 위해 투옥된 기간은 총 6회에 걸쳐 도합 11년 3개월이 넘는다. 그러면서 단한 번도 징역살이를 하지 않으려고 눈치를 보거나 덜 하려고 석방 운동을 해본 적이 없었다. 그가 아무런 미련 없이 세상에 지불한 무지막지한 헌신과 수난의 크기는 인간의 영혼이 도대체 어디까지 거룩해질 수 있는지를 실험하는 리트머스 용지 같은 느낌을 준다. 그래서 김용옥이 《노자와 21세기》에서 언급한 회고담조차 지극히 예외적 가치를 지니는 것처럼 보인다.

그 하이얀 임마누엘 탑에 들어섰을 때, 나는 갑자기 어떤 광채에 쏘이는 듯한 느낌을 받았다. 까만 두루마기를 입은 어떤 노신사가 우뚝 서 있었다. …… 당대 구약학의 대가! …… 많은 사람이 지금 문익환 하면, 맹렬한 공산주의 운동가며 물불을 가리지 않는 반정부 데모의 투사, 최루탄의 혼탁한 공기 속을 홀로 거니는 거친 얼굴을 연상하기 쉽다. 내가 처음 뵈었을 때의 문익환 선생은 정말 완벽하게 그런 분위기와는 무관한 정신세계에 사시고 있었던 진정한 수도인의 한 사람이었다.

이 같은 이미지 안에 어떻게 연애 이야기가 들어설 수 있단 말인가? 하지만 눈에 보이는 것이 진실의 총체가 되지 못하는 사례는 너무도 많다. 가령 밤하늘의 별빛은 몇 억 광년의 시차를 두고 우리에게 날아온다. 그중에서 꽤 많은 빛이 지구에 닿을 때 정작 그것을 투사시킨 별의 원본은 소멸해버리고 없다. 그럴 때 우리는 별이 아니라 별의 유령이 서 있던 자리를 별자리라고 부르는 셈이 된다. 문익환의 생애는 하나였지만 그것은 자주, 목격자의 눈이 놓이는 위치에 따라 경이로운 마술처럼 다른 색을 띠었다.

내가 《문익환 평전》을 쓰기 위해 취재를 갔을 때 한신대 총학생회에서는 문익환 이미지에 대한 설문 조사를 시행하고 있었다. 교정에 기념물을 설치한다면 그를 목사라고 칭할지, 선생님이라고 부를지, 아니면 통일할아버지라 명명할지 묻고 있었던 것이다. 20세기가 저물 무렵의 대학생들은 통일할아버지라 부르기를 선호했다. 만일 똑같은 조사를 문익환의 또 다른 모교였던 미국 프린스턴 신학교에서 수행한다면 학생들은 전혀 다른 답을 내놓을 것이다. 외국인에게 문익환의 일대기를 들려준다면 생애에서 가장 인상 깊은 대목을 무엇에서 찾을까? 어쩌면 '사랑의 의지'를 꼽을지 모른다. 실제로 일본의 주부들이 취미 활동으로 한국어를 공부하며 번역 대상물로 선정한 '가장 주목되는 한국어 텍스트'가 '문익환과 박용길朴容吉, 1919~2011의 편지'였다. 그리하여 문익환의 옥중서신 《목메는 강산 가슴에 곱게 수놓으며》가 출간된 뒤에 그들이 남긴 소감은 무척 흥미롭다.

한국의 감옥은 그렇게 신나는 곳입니까?

이것이 문익환의 삶이다.

고은 시인은 문익환 목사 10주기 인터뷰에서 "문익환의 생애는 아무도 표절할 수 없다"고 말했다. 곁에서 보고 겪었으면서도 똑같이 따라할 수 없는 그의 독보적 유일성은 기나긴 연애와 사랑에서도 고스란히 드러난다. 그는 아내와 1,000여 통이 넘는 편지를 주고받았다고 알려져 있다. 사실 연애편지 1,000통도 놀랍지만 내 생각에 그것은 터무니없이 축소된 숫자처럼 보인다. 그 정도의 양은 아마도 감옥에서 주고받은 것만 세었다 해도 쉽게 초과되어야 마땅하다. 왜냐하면 박용길이 '김대중 내란음모사건' 때 쓴 편지만 해도 687통이었기 때문이다. 문익환의 연애사는 요절한 천재의 생애처럼 '짧고 아름다운 추억'이 아니다. 그것은 오히려 역사와 길항하면서 오랜 세월을 두고 반전을 만들어내는 대서사시처럼 장기간 지속하면서 전면적으로 타올랐던 그 무엇이었다. 나는 그 같은 사랑의 힘이 그의 생애와 가문을 송두리째 축복으로 물들인 기독교 정신의 발화가 아니었을까 생각한다.

암울한 젊음을 밝혀준 웃음소리

문익환은 1918년생이었다. 그 또래의 북간도 소년에게서 첫사랑의 경험을 엿듣고자 하는 것은 과욕일지 모른다. 문익환의 비망록을 아무리 뒤져도 약관의 나이 스물이 되기까지 짝사랑은커녕 그 비슷한 그림자조차도 얼씬거리지 않는다. 일제가 강점한 조선은 남존여비를 바탕으로 한 내외법, 축첩제, 과부의 개가 금지, 조혼 등의 가족 제도로 외부 세계의 비난을 면할 수 없었다. 특히 조혼은 가계를 이을 적자嫡子를 쉽게 생산할 수 있는 방법이었을 뿐 아니라, 결혼으로 맺어질 인척간 동맹으로 가문의 세력을 유지하고 확장하는 중요한 기제이기도 했다. 그래서 한때 6세 여아는 70량, 7세는 80량, 10세 이상은 수백 량으로 나이에 따라 가격이 매겨지는 매매혼이 성행한다는 기사가 언론에 보도될 정도였다. 그러니 그 시대를 선도한 계몽적 지식인에게 전통적인 가족 제도의 타파는 조선이 문명사회에 진입하기 위한 선결 과제로 인식되었다.

문익환의 마을이 기독교를 받아들인 이유도 그 때문이었다. 북간도 명동촌은 국경 너머에 방치된 오지였지만 그의 가계는 전통과 근대가 조화를 이루는 몇 안 되는 합리주의적 세계관을 가진 명문가 중 하나였다. 그의 고향 어른들은 본디 실학에 심취해 있었으나 조선 독립을 위한 사상 사업의 일환으로 아이들에게 기독교를 가르쳤으며, 이동휘李東輝, 1873~1935의 전도로 마을 여성 전체가 신식 이름을 얻기도 했다. 어머니인 김신묵金信默, 1895~1990 여사 역시 조선여자비밀결사대원을 할 정도로 투철한 실천적 지식인이었다. 그런 연유로 문익환은 윤동주尹東柱, 1917~1945의 시에 자주 묘사되는 북간도 교회의 장로 아들이 되었다. 그가 목사를 꿈꾼 때는 청소년기에 이르러서였지만 기독교적 윤리관은 부모에게 물려받은 생래적 가치였다. 당연히 기독교 정신을 바탕으로 한 연애와 결혼, 일부일처제의 가족 제도를 가장 자연스러운 것으로 받아들였으리라. 그의 연애 이야기는 이 같은 배경 위에서 시작된다.

문익환이 일본으로 떠난 해는 1938년이고, 남녀가 함께하는 유학생 모임에 참석한 때는 1939년 4월이었다. 만으로 스물한 살, 관동조선신학생회가 요코하마에서 '봄 모임'을 갖기로 한 날이었다. 모임 장소인 한인교회에 훗날 줄줄이 기독교 지도자가 되는 남학생들과 함께 그가 들어서자 여학생들 쪽에서 이내 키득거리는 소리가 퍼졌다 한다.

"맨날 모이면 웃기만 하고 말 거야?"

박용길.
1930년대, 여성으로서는 매우 드물게 일본 유학을 했고,
그곳에서 진보적인 신학을 공부하러 온 문익환을 만났다.

이렇게 큰소리로 외쳤던 친구와, 또 그것을 우스갯소리로 거들고
나섰던 친구의 이름을 문익환은 먼 훗날까지 기억하고 있었다.

"그럼 우리가 모여서 울잔 말이냐, 웃지 않고?"

뒤이어 까르르 자지러졌던 여학생들의 웃음소리.

문익환의 용모는 어릴 때부터 유난했던 것으로 알려져 있다. 배우
처럼 수려한 이목구비도 한몫했지만, 피부가 백옥처럼 희고 목소리도 현
악기처럼 가늘며, 맵시 또한 무척 세련되어 있었다. 시골 냄새를 풀풀 풍
기는 얼굴들 속에 그가 끼어 있으면 전혀 다른 별에서 온 것처럼 유별스
러워서 누구나 잠깐 스치기만 해도 그 모습을 반드시 기억했다고 한다.
그날도 여학생들이 웃음을 터뜨린 까닭이 거기에 있었다. 훗날 박용길의
회고담은 이렇다.

인물이 아주 훤한 사람이 하나 왔는데, 얼굴이 갸름하고 아주 동그란 안경을 쓴 게 꼭 부의(만주국 황제가 된 청나라의 '마지막 황제')처럼 생겨서 공 선생하고 나하고 "얘, 저기 만주 황제 비슷한 사람 왔다" 하면서 웃었던 게 생각나.

그 훈훈한 분위기를 문익환은 오래오래 잊지 못했다. 당시 일본에서 조선 사람의 온기를 느끼기가 얼마나 어려웠는지 모른다. 문익환은 진보적인 신학을 만나기 위해 일본을 택했지만 침략국에서 하는 공부에 대한 자괴감이 아주 컸다. 조선인 유학생 중에는 일제의 하수인을 보장받는 고등문관시험을 준비하는 자들도 있었고, 절망의 과잉으로 자살, 치정 등의 스캔들을 만들어 신문 사회면에 등장하는 부유층 자녀들도 있었다. 당시 음울한 식민지의 청춘들을 위무할 수 있는 것은 데카당스Décadence(퇴폐주의)밖에 없었는지 최고급 엘리트조차도 자주 환영회나 송별회 같은 술자리를 과도하게 탐닉했다. 그 틈새에서 문익환은 거대한 파시즘 체제에 순응할 염치도 저항할 용기도 없는 자신의 나약함을 미워하느라 극심한 시달림을 겪던 중이었다. 공동체적 연대감을 느낄 수 있는 이웃의 향기가 참으로 그리웠을 것이다.

그에 반해 박용길은 1937년 3월 경기여고를 졸업하고 곧장 요코하마 여자신학교로 유학을 한 앳된 처녀였다. 동기들보다 한 토막은 작고 어리지만 성적이 우수하고 쾌활하여 나이가 한참 많은 공덕귀孔德貴, 1911~1997와 짝을 지어 모임 분위기를 좌우하고 있었다. 당시 여성의 일본 유학은 매우 특별한 일이어서 그 자체로도 범상치 않은데 박용길은 전혀 위축되지 않고 한없이 명랑 쾌활하기까지 했다. 사실 박용길과 공덕귀는 무장 해제당한 대한제국의 마지막 군인들의 후손이자, 신학생으로서는 보기 드물게 명문 학교를 졸업했다는 공통점도 있었다. 그래서인지 공덕귀, 박용길 두 여학생의 웃음소리는 그 시절의 유학생들에게 적잖은 위안과 활기를 주었는데, 문익환은 바로 '그 웃음소리'의 졸업식에 찾아가 깍듯이 선배 대접을 하게 되었다. 나이는 문익환이 많고 학교는 박용길이 빨랐다.

"졸업 후에 어떻게 할 계획이세요?"

박용길은 이때 받은 문익환의 인상이 너무 좋아서 대뜸 언니에게 소개하고 싶은 생각이 들었다고 한다. 그래서 더욱 상냥하게 굴었는지 모른다.

"어머니가 편찮아서 서울에 다녀오려구요. 돌아오면 시나가와 교회 전도사 일을 볼 거예요."

두 사람의 인연은 이렇게 시작되었다. 신학생 문익환이 현장 활동을 해야 할 교회에서 졸업생 박용길이 전도사 일을 보게 된다! 이게 문익환에게는 뛸 듯이 기쁜 일이라 집에 오자마자 즉각 편지를 썼다. 전도사님께서 서울에 가시거든 시나가와 교회의 여름성경학교에서 쓸 교재와 자료를 다음과 같이 사다 주십사, 하는 내용인데, 그것이 평생 수천여 통의 편지를 주고받게 되는 첫걸음이었다.

연분홍 코스모스여, 아듀!

두 사람은 한동안 교회 활동에 열중하는 것으로 사랑의 의지를 대신했던 듯하다. 조선 유학생 두 명 덕분에 시나가와 교회는 아연 활기를 띄었다 한다. 그러나 꿈같은 시절은 너무나 짧게 끝나고 말았다. 박용실이 어느 날 서울 승동교회의 전두사를 하기 위해 귀국길에 오른 것이다. 그로 인해 청춘의 안개에 덮여 있던 문익환의 상황이 전면적으로 실상을 드러내게 되었다. 그는 생애 최악의 상태에 접어들었다. 이미 폐결핵을 앓던 중이었는데, 먹을 것도 달리 없지만 애써 끼니를 챙길 의지도 나지 않았다. 그럴수록 병은 악화됐고 영양실조 상태에서 돈도 쉴 자리도 없는 도쿄에서 버티는 것이 불가능할 지경에 이르렀다. 결국 결핵 말기 증상을 보이다 주변 사람들에게 떠밀려 금강산 요양길에 오를 수밖에 없었다.

그러나 서울에 닿은 문익환은 금강산으로도 바로 가지 못한다. 건강은 갈수록 나빠졌지만, 부서지기 쉬운 육체 안의 영성은 밑 모를 허전함에 시달리느라 그를 놓아주지 않았다. 채워지지 않는 젊음의 허기가 자꾸만 서울 거리를 서성이게 했다. 아, 이게 사랑이구나! 문익환은 마침내 박용길의 집을 찾지 않을 수 없었다. 그해가 1939년이었다.

박용길의 부친 박두환은 조선조 말에서 대한제국으로 건너가는 구한말 시대의 무관으로서 말을 타고 임무를 수행하는 기마 장교였다. 그 자랑스러운 군대가 일제에게 강제 해산을 당하자 울분을 참지 못하고 어떤 중대한 결단을 내렸던 듯하다. 결국 당시 조선 사회에서 가장 각광받

| | |
문익환 박용길의 결혼사진.
박용길은 폐결핵 환자였던 문익환과의
결혼을 반대하는 부모님께
"그와 6개월만 살다 죽어도 좋아요"라고 선언했다.

는 직업이라 할 금광의 분석 기사가 되어서 평북 창성의 대유동 금광촌으로 들어간다. 그곳에서 몰래 독립운동 자금을 조달했던 사실이 훗날에 밝혀진다. 또 아버지는 딸의 이름을 사내처럼 박남길, 박용길 등으로 지을 만큼 남녀관이 깨어 있었다. 결혼과 연애에 대한 생각도 바르고 명쾌했다. 누구든 내 딸과 사귀려거든 병원에서 발부하는 신체검사 통지표를 가져오라!

그러나 그것이 문익환을 더욱 어렵게 했다. 그는 폐결핵 환자였기 때문에 문밖에서 단호하게 박대당했다. 그래서 금강산 요양을 마치고도 박용길의 집 근처에 얼씬도 하지 못한 채 일본으로 돌아갔다. 얼마나 가슴이 헛헛했을까. 이윽고 숱한 편지를 보내지만 박용길에게는 전달되지 못했다. 가족들이 막아버렸던 것이다. 문익환은 아무리 많은 편지를 보내도 소식이 없자 마침내 전보까지 보낸다. 다행히 이번에는 박용길이 직접 받았고 문익환이 안절부절못하는 상태임을 눈치채곤 재빨리 답전을 보냈다. 그런데 뭐라고 쓴담? 바로 얼마 전까지 병간호를 했던 어머니가 눈을 감을 때 폐결핵 환자와 결혼하면 안 된다는 유언까지 남긴 터였다. 그 복잡하고 미묘한 사정을 어떻게 설명해야 좋을지 알 수 없어서 우선,

너무나 슬픈 소식을 전합니다.

이렇게 어머니의 별세 소식을 전했다. 문익환에게 이 전보는 너무나 황당했다. 도대체 앞뒤 맥락이 없으니 어떻게 해석해야 옳을까? 여러 날을 읽고 또 읽은 끝에 그것을 결별의 인사로 해석하고 말았다. 제아무리 아쉬워도 사랑을 구걸할 수는 없는 노릇이니 처분을 달게 받아들이는 수밖에 없었다. 그래서 부담을 주지 않으려고 똑같은 방식으로 재답신을 보냈다.

사랑하는 연분홍 코스모스여, 아듀!

그리고 곧 절망의 늪에 빠져들었다. 박용길과 주고받은 편지를 다 태우고 고독과 병마와 싸워야 했다. 어린 시절의 단짝 윤동주가 일본으

로 유학을 왔지만 그의 '육첩방'에 단 한 번밖에 가보지 못할 정도로 몸과 마음이 피폐해져 있었다.

문익환 쪽에서 박용길의 이름이 다시 등장한 것은 그가 북간도에 돌아간 뒤 어머니로부터 결혼을 재촉받을 때였다. 추호도 장가갈 생각이 없다는 아들에게 사랑하는 여자가 있었다는 사실을 어머니 김신묵 여사가 알게 된 것이다. 이때 어머니는 글을 잘 쓰는 작은아들 문동환文東煥, 1921~까지 앞세워 편지를 쓰도록 종용한다. 다행히 둘의 상태를 잘 알고 있는 문동환의 편지가 상당한 정도의 피문을 일으켰다 한다. 박용길의 마음에 동요가 일자 문익환도 폐결핵 완치 판정을 받은 건강 진단서를 보낸다. 그리하여 마침내 박용길이 선언하는 것이다.

그와 6개월만 살다 죽어도 좋아요. 남은 세월은 선교 활동을 하기로 작정했으니깐.

어떤 신성한 가치에 삶을 내맡겨버리는 것, 이것이 어쩌면 종교적 연애의 가장 큰 특성인지 모른다.

현대사의 격류에서 서로를 지킨 힘

두 사람의 신혼살림은 북간도에서 시작되었다. 남징 대학살 사건이 있었던 곳에서 문익환은 전도사, 문동환은 교사를 하던 중에 박용길이

학창 시절 친구들과 함께 찍은 사진.
뒷줄 왼쪽은 장준하, 가운데는 문익환,
오른쪽이 윤동주. 앞에 앉은 이는 정일권이다.

합류하여 궁핍한 신혼이 시작되었다. 새로운 자취방을 구하지 못해 그 깊은 오지인 만보산에서도 세 사람이 한방에서 살 수밖에 없었다. 그 소식을 듣고 아버지의 친구가 신경중앙교회를 소개해주어서 문익환이 부목사로 가게 되었다.

그런데 문익환은 곧 하루도 눈물 없이는 잠들 수 없는 나날을 맞이하고 만다. 제일의 벗 윤동주가 죽었다는 소식을 들은 것이다. 그간 얼마나 힘들었냐며 북간도로 돌아가자고 윤동주에게 권유해보지도 못하고 덜렁 혼자만 빠져나와서 신혼살림을 차린 꼴이 되었으니, 자기만 부부의 행복을 얻은들 그게 다 무슨 소용일까 싶었던 것이다. 이내 8·15 해방을 맞았지만 그들의 신혼 시절은 불행의 연속이었다. 아버지가 좌우 갈등에 휘말려 세 번이나 죽을 고비를 넘겨야 했고, 아내가 아팠으며, 또 첫아이

영실이가 8개월 만에 숨을 거두기까지 했다.

문익환은 시간이 흐를수록 자신의 가정이 한국 현대사의 굽이치는 격류에 마구 휩쓸려가는 나뭇잎 같은 신세임을 거듭 깨달았다. 세상살이에 그토록 자신만만했던 박용길조차도 해방 직후의 북간도 현실은 견디기 어렵다고 호소했다. 문익환도 해방 후 만주 피난민 수용소에서 난민을 돌보다가 중국 당국의 핍박으로 쫓겨나 가족과 난민을 이끌고 도보로 만주에서 신의주, 평양, 사리원, 38선, 서울까지 대장정을 펼쳤다. 한반도의 남과 북에 다른 체제가 들어서서 이미 분단이 고착화되기 시작하던 1946년 여름의 월남이었다.

수난 속에서 문익환을 살린 것은 언제나 박용길의 사랑이었다고 한다. 그래서 문익환은 아내에게 늘 고마워했다. 훗날 어머니에게 쓴 편지에서도 그 마음을 고백한다.

명주실처럼 예민한 신경을 가지고 폐병, 늑막염, 위산 과다로 죽어가던 몸과 마음을 소리 없이 감싸주고 떠받들어준 사람이 없었다면 저는 벌써 저승 사람이었을 겁니다.

박용길은 문익환이 지어준 별명대로 연분홍 코스모스처럼 작고 가늘었지만 내면이 누구보다도 강인하고 낙관적이었다. 어린 처녀임에도 전혀 두려움을 느끼지 않고 북간도 만보산까지 찾아 들어가 신접살림을 차릴 만한 배짱에, 아픈 몸을 이끌고 월남할 때도 휴전선을 타고 앉아서

야식을 먹을 만큼 담력이 컸다. 문익환은 사려 깊고 지혜로웠다. 서울에
당도해서도 박용길이 같은 기독교도라 하여 이승만을 지지하자 자신이
왜 김구 노선을 갖게 되었는지 북간도에서 체득한 역사의식을 들려준다.
그래서 두 사람이 함께 있으면 말할 수 없이 힘이 커졌다.

두 사람은 기운을 되찾자 새로운 삶을 설계하기 시작했다. 문익환
은 신학을 하면서도 언어학에 재능이 많았으므로 성서를 번역하는 게 장
래의 꿈이었다. 서울에서는 좌우 갈등이 너무나 깊어서 도무지 신학을
논할 수 없는 보수적 기독교도이거나 아예 종교를 인민의 아편이라 부르
는 급진 좌파뿐이어서 합리적인 종교인이 설 자리가 없었다. 그가 한참
지난 나이에 미국 유학을 떠난 이유도 그 때문이었다. 그러나 태평양 너
머라 하더라도 인간이 사는 자리가 역사의 바깥이 될 수는 없었다. 그는
어렵게 들어간 프린스턴 신학교에서 곧 한국전쟁이 발발했다는 소식을
듣는다. 그리고 미국에서 한국으로 가는 항공편까지 막히자 초조하고 불
안한 마음에 안절부절못했다. 아버지는 이념 갈등의 희생양이 될 개연성
이 컸고, 아내는 어린 자식들을 데리고 피난민 대열에 섞일 것이었다. 박
용길은 문익환이 유학을 떠나 있는 동안 많은 편지를 보내 가족들의 근
황을 잠시도 놓치지 않게 했다. 남편이 귀국하면 보여주려고 육아 일기
도 썼다.

그러나 인간의 삶에는 예측 못할 가시밭길이 있는가 하면 난데없는
비상구도 감추어져 있다. 미국에서 접근 금지 구역이 된 한국에 가장 가
까이 닿으려면 유엔극동사령부에 근무하는 방법이 있었다. 문익환은 가

차 없이 자원하여 유엔 군속이 되었다. 그리고 영어를 가장 잘하는 사람으로 뽑혀서 정경모와 함께 휴전 협정 통역을 맡았다. 가정 형편은 이때가 가장 좋았을 것이다. 월급도 많고 근무 여건도 좋아서, 도쿄에 한글학교를 만들어 교장을 하면서 서울과 도쿄를 자유롭게 옮겨 다니던 시절이었다. 그때 아내를 일본으로 데려갔으니 박용길 사모님이 도쿄에서 자가용을 굴리던 시절에 태어난 아이가 배우 문성근이다.

하느님의 기업은 어렵다

다시 세월이 흘러 1956년, 문익환이 프린스턴 신학교에서 돌아올 때 서울은 '전후 복구 현실의 비참' 상태에 놓여 있었다. 이미 어린 시절의 절친 윤동주와 송몽규宋夢奎, 1917~1945를 일제에게 잃고, 해방된 땅에서도 좌우충돌의 참담함을 겪었다. 전쟁 통에 휴전협정 통역을 하면서 두 체제의 병든 모습도 낱낱이 목격했다. 이제 그에게 세계는 그전까지 생각했던 그런 곳이 아니었다. 문익환은 다시 박용길에게 돌아오면서 마음의 위안거리로 삼을 수 있는 게 단 한 가지밖에 없음을 깨닫는다. 그것은 우여곡절 끝에 참으로 위태롭던 사랑의 결실을 마침내 얻었다는 것이었다. 그 점을 문익환은 남몰래 자랑스러워했음이 틀림없다.

여보, 하느님의 기업만은 우리가 성공한 것 같지 않아요?

나는 여기에 아주 중요한 문익환의 사상이 감추어져 있다고 생각한다.

문익환은 사랑과 결혼, 출산과 양육 등에 이르는 생명의 서사를 충과 효와 같은 체제 이데올로기에 뒤섞지 않고, 또한 공公과 사私와 같은 국가나 사회제도의 부속품으로도 인식하지 않았다. 당시 한국 젊은이들의 사랑이 기형화되고 피폐하되는 까닭은 생명의 서사에 대해 믿고 따를 만한 사회적 가치관이 안정적으로 구축되어 있지 않은 탓이 컸다. 조선 사회는 충과 효를 최고의 가치로 삼았으며 가정은 그것을 구현하는 세포 단위였다. 남성에게 축첩을 용인하고, 여성에게 수절을 강제하는 모순이 그 같은 사회의 가부장제가 갖는 권위 때문에 존속되었다. 당연히 그것은 동학혁명, 갑오개혁 등 구한말의 격변을 통과해오면서 굴절을 겪기 시작했고 점점 서양식 자유연애 등이 중시되었다. 그런데 이때 들어선 근대적 가족관은 제국 열강의 식민지 쟁탈전 속에서 형성된 것이라 애국주의가 중시되고 공과 사를 구별하려는 의지가 중요한 덕목으로 강조된다. 모든 일에서 국가를 위한 것은 공이고 가족을 위한 것은 사가 되어버리니, 연애와 사랑과 가족의 형성은 매사 남들 앞에 내세워서는 안 되는 사사로운 일처럼 바뀌고 말았다.

그에 반해 문익환은 한 생명체가 출생에서 죽음에 이르는 길은 문명이나 사상, 체제나 제도 따위가 아니라 하느님이 내려준 질서이자 생명 고유의 권한으로 만들어진다고 이해했다. 이 같은 경향은 문익환의 삶에서 뚜렷하게 윤곽을 드러낸 정신적 요체로서 그 실천 의지가 한국 현대사를 통해 눈부시게 발현되고 증명된 '살아 있는 종교성'의 예가 아

닐까 한다. 흔히 김대중金大中, 1924~2009의 노선과 변별력이 없었다고 이해
되는 통일론도 이 점에서는 문익환의 사상적 독자성이 뚜렷이 나타난다.
인간의 삶 중에는 역사 단계에 따라 출현하는 특정한 사회 제도나 체제
가 함부로 취급해서는 안 되는 영역이 있다. 그들이 모여 사는 영토와 생
태, 언어, 문화 공동체 등은 하느님의 것이지 어떤 정권이나 통치자의 것
이 아니라는 말이다. 따라서 그는 어떤 권력도 자신의 존속을 위해서 하
느님의 것을 파괴해서는 안 된다고 생각했다. 민중의 삶의 단위를 인위
적으로 분할하고 단절시키는 분단 통치도 체제가 하느님의 것을 함부로
망가뜨리는 행위에 속한다. 그래서 통일 문제를 논할 때마다 문익환이
남북 양 체제 앞에서 애오라지 민民의 입장으로 서 있고자 했던 것이다.

이처럼 20세기의 한반도는 정치적으로 매우 불순한 지대였다. 뒤늦
은 유학을 마치고 돌아온 문익환은 호화찬란한 엘리트 코스를 밟고도 세
상과 친하게 어울릴 수 없었다. 그리고 그 불편함은 가뜩이나 나약한 신
체에 기록되어 오래오래 그를 괴롭혔다. 너무도 병약했으므로 한번은 보
다 못한 제자가 보약을 지어 왔는데, 한약마저도 문익환과는 불화를 일
으켰다. 약을 달여 먹자 온몸이 신열에 들떠 사시나무 떨 듯이 떨면서 팔
다리가 뜻대로 움직이지 않았다. 병원으로 실려 가서 갖은 노력 끝에 겨
우 진정되었지만 저승의 문턱에서 돌아올 때 청각 기능을 맡은 오른쪽
귀만은 데려오지 못했다. 한쪽 귀가 먹은 것이다.

그러나 이런 사태를 겪으면서도 한 사람만은 지나칠 정도로는 근
심하지 않았다. 남편도 없이 시댁을 따라 오랜 방랑을 끝내고 마침내 수

유리에 안착한 아내 박용길이었다. 신경과민에 융통성 없는 원칙주의자, 거기에 병약함까지 겹친 남편과 한 지붕 밑에서 호흡하는 것이 편치는 않았을 테다. 그러나 어쨌든 이 여성은 그것까지 견디어냈다. 6개월만 살고 죽는다면 여생을 선교나 하면서 보내기로 작정했고, 나이 50까지가 못되며 나머지는 덤이라고 말해도 불평하지 않기로 마음먹은 지 오래였다. 그래서 만일 문익환의 중년이 안락했다고 한다면 그에 대한 공은 전적으로 아내 박용길의 내조에 있었다.

여기서 한 차례의 결산이 필요하다.

문익환이 상정한 제 몫의 나이는 50이었다. 참으로 덧없이 그 나이를 다 채우고 이제 '덤'만 남은 상태에서, 그들 부부는 하느님의 기업에 성공했을까? 문익환이 남몰래 자부했던 사랑의 태도는 옳았을까? 결산은 아무래도 그들의 잣대로 재어보는 것이 옳은 일인 듯싶다. 문익환이 노년에 아내에게 보낸 편지 중에 다음과 같은 구절이 있다.

청첩장 표지에 하나가 된다는 것은 더욱 커지는 일이라고 쓰여 있군요. 통일 되는 것은 이 겨레가 더 커지는 일이라 생각하며 한 말인데 그게 두 젊은이가 한 가정을 이루는 데도 의미 있는 말이 되리라고는 미처 생각 못했군요. 그리고 보면 우리가 한 가정을 이루어 1년이 모자라는 50년을 살았는데 우리도 꽤 커졌다고 생각하지 않아요? 당신은 어떻게 생각하는지 몰라도 나는 당신을 만나 엄청나게 커졌다고 주저하지 않고 말할 수 있을 것 같군요.

내 생각에, 나이가 50이었을 때의 문익환은 아직 이런 소감을 남길 만한 처지는 아니었다. 물론 아직 '커지지 않았기 때문'은 분명 아니다. 박용길 역시 '더욱 커진' 상태에 이른 건 분명 아니었다. 이 때문에 인간의 생애에는 뭐라 명명할 수 없는 지점이 존재한다는 걸 인정할 수밖에 없다. 하지만 한 가지 분명한 것은 이때 두 사람은 훗날 그런 회고를 할 수 있도록 모든 여건을 이미 갖춰놓았다는 점이다. 문익환의 가정은 막 타종을 끝낸 종소리가 쇠붙이를 흔들며 바깥세상으로 퍼져나가기 직전의 떨림을 간직한 상태처럼 사랑으로 충만해 있었다. 누가 봐도 부러운 가정이었을 것이다.

남으로 내려와 긴긴 날을 신앙적 유목민으로 떠돌던 문씨 일가는 마침내 한신대 수유리에 정착한다. 그곳 사택에서 3남 1녀의 자녀들은 비 갠 뒤의 장다리 으르듯 축복 속에서 자랐다. 한국의 일반적인 가정에 비추어 무척이나 빨리 찾은 안정이었다. 그래서 1960년대의 문익환 집 안은 명문의 위용을 갖추고 있었다. 북간도의 독립운동가이자 교회 지도자인 문재린文在麟, 1896~1985 목사와 김신묵 권사의 정착, 한국의 명문 대학에 골고루 입학하는 자녀들, 아우 문동환의 귀국. 이로써 오랜 떠돌이 가족이 정상화되자 집안 곳곳에서 역동적인 힘이 떠다니기 시작했다. 여동생 문선희가 미국과 캐나다 유학에서 돌아오면서 피아노를 가져왔고, 피아노는 다시 문익환의 자녀들에게 훌륭한 음악 교사가 되었다. 그 아래 동생 문영환은 연세대 영문과를 다녔는데 연극반을 하면서 개교 기념회 때마다 촌극 상을 제패했다. 대사도 없으면서 장장 2시간 15분 동안을 무대 위에서 견뎌야 하는 장편 〈17포로수용소〉를 열연했으며, 이후 한양대 연극영화과에 학사 편입해서 최불암 등과 함께 제1회 졸업생이 되었다. 막내 여동생 문은희는 경기여고를 졸업하고 세브란스 의과를 다녔는데, 주로 교회에서 문익환의 설교를 모니터링하는 역을 맡았다.

텃밭이 좋으면 직물은 설모 익는 법이다 아이들에게, 최고급 지성을 갖춘 할아버지와 할머니, 작은아버지 둘에 고모가 둘인 경우보다 더 좋은 환경이 있을까? 게다가 이모도 넷씩이나 되었다. 큰 이모 박갑길은 목사였던 남편을 전쟁 통에 잃고 5남매를 길러냈다. 작은 이모 박남길은 이화여고 교사와 서울여대 교수를 지냈는데, 한국을 대표하는 음악 명문가와 겹사돈을 맺어서 세계적인 지휘자 정명훈의 장모요 정명화의 시어머니가 되었다. 또 셋째 이모부는 외교관이었다.

가족은 너무도 화목했다. 밥을 남겨서는 안 된다! 쌀 한 톨이 나오려면 1년 농사일을 해야 한다! 북간도 명동촌에서 들었던 말을 문익환은 수유리의 자녀들에게 고스란히 옮겼다. 밥 한 숟갈을 50번씩 씹으라는 말을 얼마나 열심히 했으면 식구들이 하나같이 어느 식사에 가나 자기 가족들을 만나야 마음을 놓을 수 있었을까? 밥을 유난히 느리게 먹고 또 그만큼 긴 식사 시간이 문씨 가족의 특징이 되었다. 그 긴 식사 시간 안에는 그들의 토론식 가정 문화가 담겨 있었다. 가족이 모여 앉은 밥상머리에서는 많은 주제가 상정되어 토론에 붙여졌지만 그중에서도 특히 우리말 바로 쓰기 문제처럼 빈번히 오르내리는 주제는 없었다. 만약 "태초에 하느님의 말씀이 있었다"는 말이 등장하면 문익환은 '태초에'를 '한 처음에 '로, '하나님'을 '하느님'으로 써야 한다고 자녀들 앞에서 역설했다. 자신이 장차 부딪칠 성서 번역의 문제를 미리 가족과 토론했던 셈인데, 한글 이야기가 나올 경우 문익환의 열정은 숫제 학교가 따로 없을 지경이었다.

그러나 과연 이것이 전부였을까? 문익환을 손경했던 사람들이 말하는 그의 진짜 생애는 이때까지 아직 시작도 되지 않고 있었다.

늦봄 르네상스

1976년 문익환이 만으로 58세가 되었을 때의 일이다. 박용길은 난데없는 선언문을 쓰고 있었다. 내용을 보면 흡사 3·1독립선언서의 후편을 연상케 했다.

오늘로 3·1절 쉰일곱 돌을 맞으면서 1919년 3월 1일 전 세계에 울려 퍼지던 민족의 함성, 자주 독립을 부르짖던 그 아우성이 쟁쟁히 울려와서 이대로 앉아 있는 구국 선열들의 피를 땅에 묻어버리는 죄가 되는 것 같아 우리의 뜻을 모아 민주구국선언을 국내외에 선포하고자 한다. ……

지은이가 문익환인데 서명자 난에 오른 사람이 정확히 열세 사람이었다. 윤보선尹潽善. 1897~1990, 함석헌咸錫憲. 1901~1989, 김대중, 정일형鄭─亨. 1904~1982, 이태영李兌榮. 1914~1998, 이우정李愚貞. 1923~2002, 김관석金觀錫. 1922~2002,

이문영李文永, 1927~2014, 윤반웅尹攀熊, 1910~1990, 안병무安炳武, 1912~1986, 서남동徐南同, 1918~1984, 문동환, 백기완. 명단을 다시 손질하여 최종으로 확정된 사람은 도합 열한 명. 헌데 주동자가 서명자 명단에서 빠져 있었다. 발표는 신부들과 함께 명동성당의 3·1절 기념 예배에서 하기로 했는데, 누가 낭독만 한다고 되는 게 아니었다. 그래서 이제 갓 제대한 장남 문호근을 시켜 군대에서 받은 돈으로 타이프라이터를 사서 밤새워 타자를 치게 했다. 그로부터 언론을 발칵 뒤집어놓는 뉴스가 터져 나왔다. 소위, 경찰 표현으로 '명동사건', 학자들의 표현으로 '3·1구국선언사건'의 시작이다.

사건이 일어나자 중앙정보부 요원들은 각각 관할 경찰서에 들이닥쳐 관련자 전원을 연행하게 하고 속속들이 남산으로 끌고 갔다. 부부가 다 서명자가 되면 좋지 않다고 해서 명단에서 빠진 공덕귀, 이태영 여사조차 예외가 되지 못했다. 분위기가 삼엄해서 옆방에 누가 잡혀왔는지도 모르는 10일간의 취조가 시작되었다. 그 살풍경을 안병무는 이렇게 설명한다.

젊은 기관원 두세 명이 요소요소에 배치되어 있었다. 50은 넘은 듯한 계장이라는 사람이 들어와서 자기가 수사 담당자라고 소개했다. 이날부터 꼭 열흘 동안 조그마한 나무 의자에 앉힌 채 이런저런 방법으로 단 1초도 잠들지 못하게 하는 것이 그들이 결정한 고문법이었다.

그런데 이 살벌한 장소에서 구속자들은 당황스러운 불협화에 시달

목사, 신학자, 시인, 사회운동가였던 문익환이
생전 사회운동으로 투옥된 기간은 도합 11년 3개월이 넘는다.

리고 있었다. 문제의 제공자는 역시 문익환이었다. 실제 주동자는 문익환인데 성서 번역의 대미를 남겨둔 관계로 그 책임을 모두 감추어두고 있었다. 당연히 문동환이 주도한 것처럼 나서되 사전에 합의해둔 바가 없었으니, 사건의 알리바이도 맞지 않고 그에 따른 디테일도 수합되지 않았다. 유인물을 집필·제작·배포한 경위, 서명을 받아낸 경위가 시원스레 밝혀지기는커녕 조사하면 할수록 오리무중이 되었다. 당국은 필히 배후 조종자라 할 만한 사람이 따로 있다고 보았다. 취조의 강도는 자연히 높아질 수밖에 없었다. 밤이고 낮이고 잠도 못 자고 쉬지도 못하게 하며 세 팀이 윤번으로 같은 심문을 하고 또 하자 피의자들은 일주일 만에 기진맥진한 상태가 되었다. 그때 이우정과 이문영을 대질시켰는데, 이우정은 자신이 둘러댄 말을 이문영이 모를 것이 뻔해서 얼른 자기 말을 해놓고는 "그때 그랬지요?" 했다. 이문영은 그냥 멍하게 듣고 있다가 슬그머니 맞장구를 쳐야 했다.

"이우정 교수가 그렇게 말했으면 그것이 맞을 겁니다."

참으로 옹색한 답변이었다. 당국은 김대중이 '순진한 목사'들을 조종했다는 단서를 찾기 위해 혈안이 되었다. 그 시점에서, 하는 수 없이 문익환이 모습을 드러냈다.

북부 경찰서에서 처음 박용길을 연행할 때만 해도 문익환은 아내를 혼자 보낼 수 없다며 따라나선 정도에 지나지 않았다. 집에서는 난리가 아니었다. 우선 박용길이 낭독용 문건을 정서한 혐의로 붙들려 가고, 문익환은 그 주범이 되었으며, 장남 문호근은 타이핑한 죄로 붙들려 갔다. 며느리 정은숙은 결혼하자마자 졸지에 남편은 물론 시아버지에, 시어머니, 시작은아버지에, 한 술 더 떠서 시댁네 교회 목사님까지 끌려가버리는 기막힌 현실과 맞닥뜨려야 했다. 캐나다에 계시는 시할아버지와 시할머니도 아무 대책이 없었다. 하지만 연행된 세 식구는 남산으로 옮겨가 열흘 동안이나 조사를 받았는데 위축은커녕 수사에 난데없는 늦바람이 불어 진풍경을 연출하고 있었다.

여기서 주목할 것이 '문익환의 등장'이라는 현상 뒤에 숨겨진 또 한 사람의 역사적 등장이다. 정확히, 문익환 현상의 절반을 만들어내는 아내 박용길의 '재야 데뷔'였다. 그 쌀쌀한 3월에 처음 견학하게 된 중앙정보부 취조실은 밤낮으로 환한 전등불 때문에 불야성이었는데, 박용길은 전혀 당황하는 기색이 없었다. 별달리 뾰족한 수가 있는 것도 아니었다.

"문익환 목사가 선언문을 기초했지?" 이 말에 박용길은 남편이 이미 구속되었음을 직감했다. 경과인즉, 문동환의 취조가 시작된 후에 갑자기 의사가 들어와 혈압을 재고 약을 주고 야단법석이 일어났다. 어찌된 일이냐고 물었더니, 안병무가 위독하다는 것이었다. 문동환은 가슴이 덜컥 내려앉았다. 본디 안병무의 심장에 문제가 있음을 너무도 잘 알았기 때문이다. 그렇다면 조사가 빨리 끝나야 하는데 자진해서 죄를 덮어쓰고 싶어도 조사관을 만족시킬 알리바이가 없었다. 하는 수 없이 형에 대한 이야기를 모두 털어버린 까닭에 문익환의 가족이 연행되었고, 또 문익환도 즉석에서 모든 사실을 자랑스럽게 불어버렸다.

결국 유일한 여성이었던 이우정만 고생한 꼴이 되었다. 약이 오른 수사관들이 문익환의 자필 진술서를 보여주자 그제야 이우정은 놀란 얼굴로, 문익환 교수가 잡혀왔느냐고 묻고 그렇다면 그의 말이 옳다고 답했다. 수사관들의 화가 머리끝까지 올랐음은 말할 것도 없었다. 수사관들이 더욱 어처구니가 없었던 것은 화장실에 가겠다고 나간 박용길이 복도에서 이 방 저 방 기웃거린 사실이었다. 연약한 아낙네가, '남산'이 어디라고 겁도 없이 거짓말이요 또 여기저기 들락거린다는 말인가. 한 수사관은 그 점을 놓치지 않고 박용길에게 추궁했다.

"그 방에는 왜 들어갔어요?"

"동생이 있어서 반가워서 들어갔죠."

"지금 소풍 온 줄 알아요? 어디를 돌아다녀요, 어디를?"

윽박지르고 다그쳤지만 전혀 먹혀들지 않았다.

"그 방에 들어가지 말란 말 언제 했어요?"

키는 작고 몸집은 가늘어서 불면 날아갈 것 같았지만 몸 어디에도 허세라고는 담겨 있지 않은 이 아낙네는, 그러나 독립운동가의 며느리이자 대한민국 국군 창설에 기여한 순직 대령의 딸이고 외국 유학까지 다녀온 상류 엘리트였다. 겁을 주면 울어버릴 줄 알았는데, 웬걸, 박용길은 이루 말할 수 없이 자연스럽게 중앙정보부를 애먹었다. 수사관들은 이른 날 방마다 '조사 중 출입 금지'라는 푯말을 써 붙여야 했다. 그래도 박용길의, 처벌하기 어려운 이상한 말썽은 진압되지 않았다. 문익환과 나란히 그녀도 역사의 장정을 무슨 축복처럼 시작하고 있었던 것이다. 이렇게 시작된 재야 시절을 박용길은 90세 생신을 맞이해 회고한 바 있다.

1976년 3·1사건으로 문 목사가 투옥되자 나도 구속자 가족이 되어 투쟁의 길로 들어서게 되었다. 우리 구속자 가족들은 옥바라지를 하며 같은 보라색 옷을 입고 구호를 쓴 부채, 우산 등을 들고 시내 곳곳을 다니며 시위를 하고, 해외에 국내 소식을 알리고 갈릴리교회, 목요기도회, 금요기도회 등에 참석해 고난을 나누었다. 그 과정에서 우리들은 구속자가족협의회, NCC인권위원회, 기장여신도회 등 여러 단체의 도움을 받았다. 캐나다에 계셨던 부모님은 미주에서 시위와 기도로 지원해주시고 아들 의근과 성근은 번갈아 법정에 참석해 내용을 외워 기록으로 작성해 세상에 알리며 온 가족이 한마음으로 민주화 운동에 동참하였다.

| | |
문익환 생가 '통일의 집' 내외부 풍경.
문익환의 호 늦봄, 박용길의 호 봄길이 눈에 띈다.

이것을 우리는 문익환과 박용길의 연애사에서 발동된 한국 재야 운동의 황금기라 불러도 될 것이다.

문익환 목사는 자신의 호를 '늦봄'이라고 지었다. '늦은 봄'이라는 뜻이었지만 남들에게는 늘 '늦게 보았다, 늦게 철들었다'는 뜻이라고 둘러대고는 했다. 그리고 박용길의 호는 '봄길', 그러면서 늦봄 자신을 이끌어준 '봄길'이라고 부인에 대한 고마움을 표하고는 했다. 그 같은 '늦봄의 르네상스'의 불길은 셀 수 없이 많은 연애편지를 타고 번져간다.

오늘 새벽에 당신을 만났었죠. 그 꿈이 아쉬워서 오래오래 누웠다가 늦게 일어났지요. 지난번 접견 때의 그 신선한 아름다움이 봄길의 향기로 코끝에 그대로 남아 있는 거죠. 30대의 젊음이 내 몸에 옮아온 것 같군요. 이 편지를 많은 사람이 보리라고 생각되어 이 정도로 우리의 젊음을 토로하고 이야기를 다른 데로 옮기기로 하겠소.

이 같은 일은 사형 신고를 빈' 나 마느냐 하는 문제로 피를 말리던 '김대중내란음모사건' 때도 똑같이 반복되었다. 아니, 이때는 객관 정세가 더욱 무섭고 삼엄했으며 독재자의 공격이 가혹했으므로 오히려 문익환과 박용길의 사랑을 훨씬 돋보이게 만들었다. 한 예로, 수도승 신분에서 시인이 되어 파계의 길을 걷고 있던 고은 시인이 결혼을 할 수도 있다는 상상은 그때까지 누구도 할 수 없던 것이었다. 그러던 고은이 훗날 결혼을 하면서 고백한 바에 따르면 자신의 결혼은 전적으로 '김대중내란음모사건' 때 문익환 목사가 보여준 가족의 향기와 그 권유에 의해 이뤄진 것이었다. 실로 그럴 만했을 테다. 그러니까 1980년 8월 4일 군법회의에서 첫 공판이 있던 날이었다. 남한산성에서 용산 국방부의 군사 법정까지 피고들을 송치하는데, 육군교도소 측은 한 차에는 김대중을, 한 차에는 문익환과 고은을, 또 한 차에는 이문영과 예춘호를 태워 외부와 차단했다. 그 긴 시간이야말로 갇힌 자의 해방감을 누릴 수 있는 시간이었다고는 하지만 옛날로 보자면 대역 죄인을 끌고 가는 무서운 호송차 안이었다. 피고끼리 말해서는 안 된다고 호송 헌병이 둘 사이를 수시로 가로막고는 했다. 그런 속에서 문익환은 고은에게 "장가 가!"라고 결혼을 권유했다. 왜냐하면 좋은 일이 많기 때문이라는 것이었다.

"나, 면회 온 박용길하고 입 맞췄다!"

이럴 때 문익환이 풍기는 따뜻한 가족 사랑의 냄새야말로 풍찬노숙으로 자란 고은을 정신이 혼미해지도록 취하게 만드는 유혹의 손길이었다. 이때 고은은 이제까지 알던 것과는 전혀 다른 '대승적' 가족을 보았음이 틀림없다.

가족주의의 나라 한국은, 사실 '이상으로 삼는 가족'이 깨져버린 사람들의 나라이기도 했다. 이산가족 찾기가 보여주듯 일제와 분단과 전쟁과 지배 이데올로기에 의해서 삶의 근거지가 이렇게까지 처참하게 파괴되어버린 나라는 없었다. 그 속에서 '문익환 가'가 유지되는 과정을 살피는 것은 사회학적인 의미가 적지 않다. 한국사의 소용돌이를 문익환 집안만큼 전면적으로 겪은 곳도 드물다. 한국 근현대사의 수난은 언제나 문씨네 집안의 안방을 쓸고 갔다. 그런데 신기하게도 문익환은 가족의 원형을 조금의 흠집도 없이 지켜냈다. 아니 오히려 역사의 중심을 회피하지 않았기 때문에 문씨 가계의 가족적 힘이 보존되었다. 문씨 일가는 그 험한 세월 속에서 문익점의 가치를 문병규, 문치정, 문재린, 문익환, 문호근 세대까지 고스란히 계승했다. 가족은 사회를 구성하는 세포 단위의 하나인 만큼 정의가 훼손된 사회에서 '가족 밖의 정의와는 동떨어진 채 가족 안에서의 정의만 지킬 수 있는 권리'는 보장되지 않는다. 이 중차대한 과업을 남녀상열지사의 기쁨으로 표현해버리는 자유로운 '야함'이 문익환에게는 있었다.

가족이 사회적 정의에 기여하면서 유지되는 것이 시련의 시기에 얼

마나 큰 힘을 주는지 아는 순간 사람들은 누구나 문익환 식의 가족 단체
(?)를 부러워하게 되어 있다. 가령 그해 11월에도, 이미 초겨울 날씨가
시작되어 설악산과 오대산에 연일 서리가 내린다는 예보를 듣자 가족들
은 추위를 걱정했다. 감옥에서 또 어떻게 한겨울을 날지…… 어쩔 수 없
이 농성을 시작했는데, 이 농성장까지 문익환의 가족이 대거 점령해버렸
다. 아내 박용길은 물론 시어머니 김신묵, 아들 문호근·문성근, 손지 바
우까지 4대가 모두 농성장에 와서 시작부터 끝까지 자리를 지켰다. 박용
길이 손자를 교회에 가자는 말로 데려왔는지 바우가 할머니더러 다시는
이런 교회에 오지 말자고 투정을 부리고는 했지만 그것까지도 다른 가족
들에게 힘이 되었다.

그리고 문익환의 연애사는 비단 가족 구성의 문제에 국한되지 않았
다. 역시 호송차 안에서 있었던 일인데, 고은에게 "우리 신구약하고 불경
하고 정수만 뽑아 책 하나 내지" 하고 말했다. 문익환은 고은에게 기독교
를 느끼고 그 자신에게서 불교를 본다고 말했는데, 이런 무애의 경지는
신구약 공동 번역 이전부터의 체질이었다. 고은이 "우리 민족의 고토인
북간도 끝없는 대륙에서 터득한 크기와 하나"라고 말한 그의 체질은 끊
임없이 기독교 문화에 대한 '생산적인 회의'를 제기하여 종종 아내를 당
황스럽게 만들고는 했다.

당신은 어제 내가 스님이 되는 거 싫다고 했지요. 목사가 스님이 된다거나
스님이 목사가 된다는 문제가 아니지요. 종교적인 경험을 말로, 논리로 표

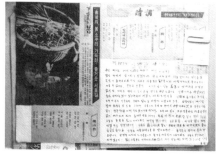

문익환이 옥중에서 박용길과 주고받은 편지.
일본 주부들이 한국어를 공부할 때 선정한 '가장 주목되는 한국어 텍스트'가
이들이 주고받은 편지이고, 교도관들이 박용길의 편지를 문익환에게 전달하려고
서로 다투어 기다릴 정도로 이 부부의 편지 교환은 특별했다.

현해버릴 수 있는 것이 아닌데 기독교는 말로 다 해버릴 수라도 있는 듯
이 '말씀' '말씀'을 지나치게 강조해왔거든요. 말, 말씀이 전부인 양 강조
하는 신학에 내가 좀 진저리가 났었거든요. 말이 중요하지 않은 것은 아니
지요. 말이란 본래 일회적인 성격이 강한 거 아니겠소? 구체적인 상황에
서 구체적인 일에 대한, 그 한 번 있는 일에만 적용이 되고 그 일에만 타당
한 판단이 말로 표현되는 것이거든요. 그나마 언제나 그 일의 어느 한 면
밖에 표현할 수 없는 것이 말인데, 그 말이 그대로 보편 타당한 진리가 되
어버리는 데 기독교 신학의 중대한 문제가 있다고 느끼던 차에 불교가 강
조하는 '마음'에 눈을 돌리게 되었던 거죠.

이 같은 연애의 힘은 박용길의 삶에도 계속 영향을 미쳤다. 박용길은 문익환이 기결수 생활에 들어가자 곧 하루도 거르지 않고 편지를 썼다. 혹시 중간에 가로채는 편지가 있을까 봐('보안'을 이유로 편지를 검열해서 전해주지 않는 사례가 비일비재했다) 날마다 한 통씩 번호를 매겨가며, 수험생을 둔 어머니가 새벽마다 도시락을 싸는 것처럼 편지를 썼다. 수인에게는 바깥사람들이 누리는 자질구레한 일상의 시간들이 부족했으므로, 박용길은 시시콜콜한 이야기들을 일기처럼 쓰되, 판에 박힌 단조로운 감방 생활에 조금이라도 새로움을 더해주려고 갖가지 사진도 붙이고 시와 그림도 적어 보냈다. 매일같이 신선한 기쁨을 누리도록 하려는 박용길의 정성이 너무도 가상했으므로 주변의 많은 사람들이 이들 부부의 편지 교류를 도왔다. 고운 편지지를 보내주거나 그림, 시, 노래 등을 찾아주는가 하면 산이나 들에 갈 때 풀이나 꽃, 나뭇잎을 따다 주었다. 그러면 문익환은 한 통도 똑같지 않은 아내의 편지가 무척이나 반가워 다시 연애 시절로 돌아가서 답장을 썼다. 안타까운 것은 감옥의 규칙상 한 달에 한 통밖에 쓸 수 없다는 점이었다. 단 한 번의 기회에 좀더 많은 사연을 담고 싶어 그의 글씨는 알아보기 힘들 만큼 작아졌다. 깨알 같은 글씨로 아내는 물론 아버지, 어머니에게, 갓난 손주, 며느리, 딸, 아들, 가족 모두에게 돌아가면서 정성껏 편지를 써서 보냈다. 매일매일의 일상과 건강, 기도를 적고 오히려 밖에 있는 사람들을 위로하는 섬세한 편지들이었다. 노부부의 편지 교환은 감옥 안에서도 파다하게 소문나서 교도관들이 서로 그 편지를 전하려고 다투어 기다릴 정도였다.

문익환의 사랑은 이렇게 별났다.

민족사에 바친 사랑

이제 마지막으로 한 가지 이야기만 더 하면 될 듯싶다. 문익환 목사
가 왜 방북을 했는지, 그때가 어떤 시기였으며, 민족사에 미친 영향이 어
떠했는지는 여기서 논하기 어렵다. 다만 6월 항쟁으로 형식적 민주주의
를 성취한 후, 문익환 목사는 방북을 결심하지만 동시에 망설이고 주저
할 수밖에 없었다. 선례도 없고 그 파장도 경험한 바 없는 남한 인사의
북한 방문이 당시 재야 운동을 하는 이들에게 어떤 회오리를 가져올지
몰랐기 때문에 본인은 후배들의 안전에 각별히 유의했던 흔적이 곳곳에
남아 있다. 다음은 그 때문에 하마터면 방북을 포기할 뻔했던 장면이다.

모든 준비가 끝났을 때 마지막 남은 걱정은 새로이 재야의 사령탑을 맡은
후배들의 문제였다. 문익환은 먼저 백기완을 불렀다.

"나 20일에 서울을 떠나 평양으로 가. 김 주석을 만나 통일 이야기를
할 거야. 미리 의논을 못해서 정말 미안해. 갈지 말지 망설이다가 가기로
결정하고 수속을 시작하자 금방 떠나게 되었어. 어제 비자와 비행기 표를
받아 쥐었는데, 20일이라는 거야. 주선은 정경모 씨가 했어. 무슨 할 말이
없어?"

"형님, 내 마음 알지 않수. 잘 다녀오슈. 김 주석 만나면 무슨 이야기 하

려우?"

"난 그냥 그의 진심을 타진해내려고 가는 거라구. 그 이상도 그 이하도 아니야."

"이부영이한테 이야기했수?"

"오늘 아침 회의가 끝나는 대로 이야기하려고 해."

그날 아침 10시에 '중간 평가 국민투표를 통한 노태우 정권 타도 운동 준비 모임'이 있어서 사무실(전민련)에 올라가 회의에 참석, 폐회한 다음 이부영에게 이야기했더니, 전민련 중진들과 의논하는 것이 좋겠다고 했다. 그래서 다음 날 일찍 계훈제, 백기완 고문, 이부영 상임의장, 이재오 통일분과위원장과 만났는데, 모두 한결같았다. 국민투표를 앞두고 떠날 수 없다는 것이었다. 이재오는 무서운 박해가 올 것이라고 충고까지 했다.

"이부영 의장도 같은 생각인가요?"

"그렇습니다."

"그러면 가는 걸 포기하겠습니다."

대화는 이렇게 끝났다. 문익환은 아쉬운 마음으로 계획을 접었다. 그리고 그날 오후 장기수후원회 발기 총회에 참석하여 초대 회장으로 선출되고, 간부들과 함께 저녁을 먹으러 근처 식당으로 갔을 때, 옆에 앉은 아내에게 방북 계획이 포기된 상황을 전했다.

"내일 떠나려던 걸 중단해야겠어."

"남자가 간다고 했으면 가는 거지, 이제 와서 중단이 뭐예요. 나 이제 당신 못 믿어."

박용길은 찬바람을 일으키며 혼자서 집에 간다고 일어서버렸다.

문익환의 방북에 가장 큰 영향을 미친 사람은 박용길이었다. 그로부터 받은 탄압과 옥살이, 보수 인사들의 박해를 가장 크게 겪은 이도 박용길이었다. 그런데 이후에 더욱 놀라운 일이 벌어진다. 문 목사 장례식 때 북에서 보낸 조화를 시작으로 북측 인사들도 자주, 중국 연변에서 가진 추모 행사 등에 참석한다. 박용길의 안부가 어느 새 남북통일의 창구가 되었다. 그리고 김 주석 1주기 때 박용길이 평양에 모습을 드러냈다. 그때부터 수감 생활까지는 일사천리로 진행되는 수순이었다. 그렇다면 이야기는 더욱 간단해진다. 박용길은 문익환이 갔던 모든 곳에 닿으려 했다. 문익환이 민족사의 획을 그었던 그 모든 곳에 박용길은 가 닿았다. 특히 문익환이 죽은 후에 그가 살아 있었더라면 가봤을 곳이 어디였는지를 헤아려서 늘 그곳에 머물고자 했다. 그래서 고은 시인이 했던 말이 있다. "문익환이 박용길이었고, 박용길이 문익환이었다."

에필로그

지금 세상에는 문익환도 없고 박용길도 없다. 하지만 두 사람의 연애는 다음 세대에게 커다란 영향을 미치기에 충분했다. 1980년대에 대학생이었던 수많은 청춘이 애인을 얻으면 애써 그 묘소에 다녀가곤 했다. "목사님, 저 애인 인사시켜드리려고 왔어요. 우리가 사귀는 걸 지켜봐주

| | |
문익환과 박용길.
고은 시인은 "문익환이 박용길이었고,
박용길이 문익환이었다"라고 말한다.

세요." 이런 방명록이 얼마나 많았는지 모른다. 나는 그 두 사람의 사랑
을《문익환 평전》의 말미에 이렇게 썼다.

박용길은 폐결핵 청년을 반대하는 친정 부모에게 '6개월만 살더라도 시집
을 가겠노라'고 떼를 썼다. 그러고는 여든 살의 나이를 넘길 때까지 문익
환 목사가 갔던 모든 길을 뒤따라갔다. 민족사에 바쳐진 이 불멸의 사랑은
남과 북의 인민에게 동시에 존경을 받았다. 분단 50년 동안 단 한 쌍밖에
누리지 못한 축복이었다.

"봄의 정원으로 오세요.
빛과 와인, 석류꽃 향기가 가득하네요.
당신께서 오시지 않으면
이게 다 무슨 소용인가요."

루미 & 샘즈

봄의
정원으로
오세요

현경

세계 진보 신학의 명문인 뉴욕 유니언 신학대학 아시아계 여성 최초의 종신교수. 여성·환경·평화 운동가. 신을 설명하지 않고 표현해내는 신학적 예술가. '다름'들 사이에 다리를 놓는 문화 통역사. 이화여대 기독교학과, 동 대학원을 졸업했으며 캘리포니아 클레어몬트 신학대학원에서 목회학 석사학위를 받았다. 그 후 여성신학 실험학교인 보스턴 여성신학센터를 졸업, 유니언 신학대학에서 박사학위를 받았다. 현경은 1991년 WCC 제7차 세계대회 주제강연자로 나서 '초혼제'를 지내며 성령에 대한 새로운 신학 이해를 펼쳐 보였다. '기독교 역사상 가장 논쟁적인 강연'으로 거론되는 이 강연은 《뉴욕 타임스》《타임》《슈피겔》 등 수많은 매체에 소개되며 세계 신학계에 토론의 불길을 일으켰다. 1999년부터 이듬해에 걸쳐 불교 명상을 배우며 히말라야의 수도원에서 살았고, 2006년부터 13개월간 이슬람 17개국에서 200여 명의 이슬람 여성과 평화 운동가들을 인터뷰했으며, 2008년 숭산 대선사 전통의 미국 관음선원에서 불교법사 자격을 받았다. 해마다 한국을 찾아 '살림이스트Salimist 워크숍'을 진행하면서, 자신을, 타인을, 지구를 살리는 살림이스트들을 키워내고 있다. 남북여성 평화통일 모임 '조각보' 공동대표이며 '종교간 세계평화위원회'의 자문위원이다.

저서로는 여신 3부작인 《미래에서 온 편지》《결국은 아름다움이 우리를 구원할 거야 1, 2》와 8개 국어로 번역된 《다시 태양이 되기 위하여Struggle to Be the Sun Again》, 이슬람 순례기 《신의 정원에 핀 꽃들처럼》《현경과 앨리스의 神나는 연애》 등이 있다.

이슬람 신비가인 루미는 13세기에 이렇게 시를 읊었다.

"당신이 진정한 인간이라면 사랑을 위해 모든 걸 걸어라."

21세기를 사는 당신은 이 말을 어떻게 생각하는가? 그런 사랑은 옛날에나 가능했다고 하겠는가? 먹고살기도 힘든데 무슨 사랑 타령이냐고 자조적 웃음을 날리며 바쁜 일상으로 돌아갈 텐가? 아니면 사실은 나도 죽기 전에 그런 사랑 한번 해봤으면 좋겠다고 술 취한 어느 날, 꿈속에서 문득, 혹은 외로운 길모퉁이를 돌면서 속삭이겠는가? 이제 우리는 '목숨 건 사랑'을 보기도, 하기도 어려워진 시대를 살고 있다. 요사이 젊은이의 평균 연애 기간이 3개월이라는 이야기도 들린다. 연연해하고 애달파하는 사랑보다는 가볍게 '썸' 타는 것이 유행이다. 적당히 '바람'이나 피워야지 '올인'해서 사랑에 빠지는 사람을 대부분 어리석게 여긴다. 페미니즘의 은혜를 받은 내 제자들은 "헌신하는 여자는 헌신짝처럼 버려진다"고 나를 가르친다. 사랑도 연애도 결혼도 점점 계산이고 흥정이고 장사가 되어간다.

그런데도 간혹 우리 중에 '목숨 건 사랑'을 꿈꾸는 소수의 사람이 있다. 그들은 마종기馬鍾基, 1939~ 시인처럼 우리의 안전한 삶을 교란하며 심장에 겹겹이 입혀놓은 두꺼운 옷의 단추를 푼다.

목숨을 걸면 무엇이든 무섭고 아름답겠지.
나도
목숨 건 사랑의 연한 피부를 쓰다듬고 싶다.

이제 60에 가까워지는 신학자인 나는 지금껏 삶의 파도를 타며 뼛속 깊이 체화한 진실 하나를 고백하고 싶다. 그것은 내 인생에서 참 자아를 보게 해주고 하느님께로 더욱 가까이 가는 길을 터준 가장 큰 배움은 학문, 사회 운동, 명상 수련이 아니라 '목숨 건 사랑', 바로 연애에서 왔다고……. 세계 종교를 오랫동안 공부하며 대단한 현자들을 많이 만났다. 그들은 기도, 금욕, 학문 등 여러 방법을 거쳐 깨달음과 진정한 자유에 도달했다. 그중 아주 소수가 연애를 통해 그곳에 다다랐다. 그들 중 나를 두 손, 두 발 다 들고 엎드리게 한 깨달은 이가 있었으니 그의 이름은 루미Jelaluddin Rumi, 1207~1273다. 그는 내게 '목숨 건 사랑'을 통해 신에게 가장 가깝게 다가가는 순례의 여정을 보여주었다. 과연 루미가 걸어간 '연애 순례'의 여정이 어떠했는지 함께 뒤따라가보자.

준비

'목숨 건 사랑'은 아무나 할 수 없는 듯하다. 우선 하늘의 허락을 받아야 하고, 사랑을 위해 목숨을 걸 만한 마음의 준비와 용기, 세상을 다 잃어도 이 사랑만은 지키겠다는 자세, 그리고 그 사랑의 불꽃을 지필 대상이 필요하다. 다음은 사랑의 불꽃 속에서 타 죽지 않고 그것이 내 영혼을 정제하는 용광로가 되도록 견뎌낼 수 있는 힘. 그 힘이 아마도 목숨 건 사랑을 위해 갖춰야 하는 가장 중요한 내용일 것이다. 거짓 자아를 다 태워버리고 알몸으로 진정한 자아를 대면하는 힘, 그 과정에서 신을 만나고 신의 현존 속에서 매 순간을 살아가는 힘. 바로 존재를 부수는 목숨 건 사랑을 받아들일 수 있는 준비의 기본 내용이다.

그건 아마 지루한 일상을 잘 꾸려나가는 매일매일의 반복적인 습관이 만든 마음의 밭일 수도 있다. 밥상머리에서 부모님께 받은 기본적인 인간 됨됨이 교육, 거짓말이나 도둑질하지 말고 내가 어지른 건 직접 치우며 친구와 다투지 말고 사이좋게 지내라는 유치원 선생님 말씀, 일반 교육 과정을 거치며 배우는 세상에 대한 정보와 생각하고 판단하는 방법, 사회생활에서 깨닫게 된 '주는 게 있어야 오는 게 있다'는 인간관계의 기본 상식, 종교나 명상을 통해 알게 된 '네가 남에게 받고자 하는 대로 남을 대접하라, 네가 싫은 것은 남에게도 하지 말라'는 황금률의 진실. 이 모든 기본적이고 상식적인 삶의 자세와 습관의 체화가 '목숨 건 사랑'을 위한 기본적인 준비다. 이런 준비가 없으면 우리는 사정없는 사랑의 불꽃에 순식간에 타버리고 말 것이다.

| | |
신비주의자를 모집하는 루미.
루미는 이슬람 신학자이자, 이슬람 신비주의 수피즘의
권위자였던 아버지에게 큰 영향을 받으며 자랐다.

루미는 이런 준비 과정을 누구보다도 잘 거친 사람이었다. 그는 1207년 9월 30일, 지금의 아프가니스탄 북부에 자리한 발크에서 태어났다. 당시 발크는 페르시아 제국의 한 도시로서 이슬람 신비주의에 대한 연구, 수행, 문화로 널리 알려진 곳이었다. 본명은 잘랄 앗딘 무함마드Jalal ad-Dīn Muhammad인데, 그를 부르는 루미Rumi라는 이름은 로마가 다스리는 '아나톨리아 출신from Roman Anatolia'이라는 짧은 별명에서 유래했다. 그의 가족들이 코니아라는 터키 중부 아나톨리아 땅에 정착해서 살기 시작했기 때문이다. 루미의 아버지 바하에딘 벨레드Bahaeddin Veled는 '학자들의 술탄(왕)'으로 불릴 만큼 현명한 이슬람의 신학자이며 설교자였고, 특히 이슬람의 신비주의인 수피즘의 권위자였다. 어머니인 무미

네 하툰Mumine Hatun은 벨이라는 지역 지도자의 딸이었다고 한다.

루미는 안정적인 가정에서 자라면서 신학자인 아버지의 영향을 많이 받았다. 아버지는 아랍과 페르시아의 언어와 고전을 어린 루미에게 가르쳤고 종교적인 담론도 알려주었다. 코란을 아랍어로 읽고 해석하며 이슬람 법률에도 해박하고 나호메드Mahomet Mohammed, 570?~632 예언자의 말과 행동을 기록한 하디스Hadith도 외울 정도로 공부했다. 그가 나중에 엑스터시(황홀감)에 빠져 공수(무당이 신神이 내려 신의 소리를 내는 일)처럼 말을 뿜어내는 시인이 되었을 때도 시의 사이사이에서 굉장한 신학과 철학의 통찰력이 나오는 이유는 모두 이런 탄탄한 기초를 공부했기 때문이었다.

루미가 열두 살이 되던 1219년에 그 가족은 다가오는 몽골족의 침략을 피해 고향을 떠난다. 그것은 선견지명이었다. 다음 해인 1220년, 이 지역에서 몽골 상인들을 부당하게 처형한 일에 분노한 칭기즈 칸Chingiz Khan, 1162~1227은 군대를 동원해 학문과 문명의 중심지였던 발크를 완전히 초토화시켰다. 루미의 가족은 1228년 코니아에 정착할 때까지 긴 순례의 여정을 보낸다. 이 말은 루미가 열두 살부터 스물한 살이 될 때까지 사춘기와 청년기 동안 여러 이슬람 나라를 다니며 경험하고 다른 문화로부터 배울 기회가 있었다는 이야기다. 이 순례자 가족은 바그다드를 거쳐 메카로 시리아로 그리고 마침내 아나톨리아 평원의 중심에 자리한 라란다Laranda라는 곳에 정착한다. 거기서 루미는 자와르 카툰Jawhar Khatun이라는, 현재의 우즈베키스탄에 속한 실크로드의 중심 도시 사마르칸트 출신의 젊은 여성을 만나 혼인한다.

그러던 중 루미의 아버지는 알라딘 케이 쿠바드Aladdin Kay Qubad 왕자의 초대를 받아 코니아로 옮겨 간다. 1228년의 코니아는 몽골의 침략으로부터 안전한 문화와 학문의 중심지였다. 셀주크 제국의 술탄이었던 알라딘 왕자는 관용적이고 덕망이 높았던 시도자로 피난 온 많은 학자와 예술가를 잘 대우하여 문화의 꽃을 피웠다. 루미의 아버지는 그곳에서 신학교 학장을 맡아 발크에서처럼 많은 사람에게 감명 깊은 설교와 가르침을 행했다. 1231년에 아버지가 숨을 거두자 루미는 스물넷이라는 젊은 나이에 아버지의 동료와 학생 들에 의해 아버지인 벨레드 사상의 계승자로 인정받는다. 그는 아버지의 학교에 신학 교수로 임명되었고 몇 년이 지나 학장으로 추대된다.

얼마 후 아버지의 제자였던 사이드 부르하누딘Sayyid Burhanuddin이 코니아에 도착했다. 루미는 그로부터 영적인 삶의 신비를 배운다. 이성적 신학과 이슬람 법률을 열심히 공부하던 젊은 신학자가 영적 수행의 맛을 보기 시작한 것이다. 그는 부르하누딘 덕분에 이전까지 별 관심이 없었던 아랍 영성시를 정열적으로 공부하게 되었다. 부르하누딘은 루미를 시리아의 알레포와 다마스쿠스로 보내 명망 있던 수피 마스터들을 만나 영적 훈련을 더욱 깊이 받도록 했다. 부르하누딘이 세상을 떠나는 1240년까지 루미는 그의 제자로 남아 있었다.

스승의 죽음 후 루미는 다른 스승을 찾지 못하고 홀로 학생들을 가르치며 신학교 학장으로서, 법률가로서의 반듯한 삶을 살아나간다. 모든 것을 가진 듯한, 주변 사람들의 선망과 존경의 대상으로서 루미는 모범 시민의 삶을 살고 있었다. 그러나 신은 그를 많이 사랑했다. 루미가 서른 일곱 살이 되던 해, 신은 이 모범적인 신학교 학장의 삶을 송두리째 뿌리 뽑아버릴 한 존재를 루미의 삶 속으로 보낸다. 그 존재의 이름은 타브리즈 출신의 샴수딘 무함마드 Shamsuddin Muhammad, 1185~1248였다.

만남

결국 어떤 사람을 만나 어떤 인연을 만들어가느냐가 우리의 삶을 규정한다. 삶을 바꿀 사람이 나타났는데 받아들이지 않으면 인생은 또 다른 길로 나아간다. 이 지점이 바로 신의 섭리와 인간의 자유의지가 만나는 미묘한 접점이다. 이런 인연은 한 사람의 인생에서 여러 번 나타나지 않는다. 대단한 인연이 나타났을 때 자신의 존재를, 마음을 활짝 열고 받아들일 수 있으려면 그동안 쌓아온 삶의 내공이 탄탄해야 가능할 것이다. 그러나 이런 인연을 받아들이지 않는 것도 많은 사람에게는 무의식이 가르쳐주는 현명한 결정이다. 다가온 어떤 존재의 힘을 감당할 수 없는 사람이 그 존재를 있는 그대로 받아들일 때, 진정한 참 자아가 태어나는 에고의 죽음이 아니라 태어날 힘도 없는 취약한 존재 자체가 망가져 버릴 수 있기 때문이다.

지금의 이란 타브리즈에서 온 '샴즈'(샴수딘 무하마드의 애칭)는 방랑하는 수행자, 춤추는 수피 신비주의자, 데르비시 dervish(극도의 금욕을 서약

하는 이슬람교 집단 일원, 예배 때 빠른 춤을 춘다)였다. 그는 덥수룩하고 헝클어진 머리에 남루한 옷, 그리고 제멋대로 행동을 하는 히피 같은 사람이었다. 루미와 샘즈의 운명적인 만남에 대한 전설적인 이야기가 많이 전해 내려온다. 그중 첫 만남에 대한 에피소드는 그들의 '목숨 건 사랑'의 시작이 어떠했는지 자세히 알려준다.

어느 날 샘즈는 코니아에 도착해 설탕 상인들이 머무는 여관에 묵고 있었다. 루미는 그날 신학교를 나와 말을 타고 학자들과 그 여관 앞을 지나가고 있었다. 그때 갑자기 샘즈가 루미에게 다가와 말의 안장을 잡고 선문답 같은 질문을 던졌다.

"무슬림의 지도자여, 베이야지드와 예언자 모하메드 중 누가 더 위대합니까?" 베이야지드는 804년에 태어난 이슬람의 신비가인데 신을 드러내는 말과 행동으로 거의 신화적인 인물이 된 사람이다. 루미는 훗날 제자들에게 이렇게 말했다고 한다. 그 질문의 힘은 마치 하늘이 무너져 땅으로 떨어지는 것처럼 자신에게 다가 왔다고……. 그 경험은 깊은 내면에서 무언가가 올라오면서 두뇌에 불이 붙는 경험이었다고……. 그리고 그 순간 신의 왕좌에서 연기가 기둥처럼 올라오는 것을 보았다고……. 루미는 그런 강렬한 경험 속에서도 샘즈에게 대답했다.

"모든 인간 중에 가장 위대한 분은 예언자 모하메드이십니다. 왜 베이야지드에 대해 물어보셨습니까?" 그러자 샘즈는 다시 질문을 던졌다. "그렇다면 왜 예언자 모하메드는 신에 대해 '우리는 당신을 꼭 알아야 하는 방식으로 당신을 알지 못합니다'라고 말한 거요? 베이야지드는 '나에게 영광 있으라! 나는 얼마나 위대한가! 나는 힘 중의 힘이다!'라고 외쳤는데……." 루미는 베이야지드가 신에 대한 목마름을 한 번의 사건으로 크게 채웠고, 그에 감격해서 환호했기 때문이라고 샘즈에게 답했다. 그러나 신은 모하메드 예언자에게는 끊임없이 그의 목마름을 채워주기 위해 찾아오셨다고 말한다. 대답을 듣는 순간 샘즈는 신음 소리를 내며 기절했다고 한다. 또 다른 전설에는 루미가 길가에서 샘즈와 눈이 마주치는 순간 기절했다는 이야기도 있다. 둘 중 누가 기절했는지 아니면 둘 다 기절했는지 확실하게 증명할 방법은 없다. 그러나 이 전설은 두 사람의 만남이 처음부터 기절할 만큼 강렬했다는 것을 알려준다.

샘즈가 기절했다는 전설에 따르면, 루미는 그를 자신의 학교로 데리고 가서 간호를 했다고 한다. 샘즈는 정신이 들자 루미의 무릎에 자신

| | |
루미와 샘즈가 처음 만난 장면을 묘사한 그림.
루미가 길가에서 샘즈와 눈이 마주치는 순간 기절했다는
전설이 전해질 만큼 두 사람의 만남은 강렬했다.

의 머리를 올려놓았다. 루미는 샘즈를 일으켜 그의 손을 잡고 학교를 떠
났다. 그 후 3개월 동안 둘은 세상과 분리되어 서로가 하나 되는 존재의
황홀함에 젖어들었다. 방에 틀어박혀 아무 데도 나가지 않은 채 깊은 침
묵 속에서 서로의 눈만 응시하고 몇 시간씩 같이 앉아 있었다. 그때의 사
랑에 가득 찬 침묵을 루미는 이렇게 표현했다.

이 새로운 사랑 안에서,

죽어라.

그대의 길은

다른 쪽에서 시작한다.

하늘이 되어라.

도끼로 감옥의 벽을 부숴라.

도망가라.

갑자기 색채의 세계로 태어난 사람처럼

걸어 나가라.

당장 지금 하라.

그대는 짙은 구름으로 감싸진다.

옆으로 빠져나가라.

죽어라.

그리고 조용하라.

고요함은 그대가 죽었다는

가장 확실한 표시이다.

그대의 옛 삶은

이 침묵으로부터

미친 듯이 도망가는

삶이었다.

말 없는

보름달이

지금

나온다.

만남의 기운이 너무도 강하고 신비스러워 그 모든 일이 일어났을 때 아무도 그들을 방해할 생각조차 못했다고 전해진다. 그 후 두 사람의 열정적인 사랑은 날이 갈수록 깊어진다. 그때 루미의 나이는 37세, 샘즈는 60세였다. 거의 아버지와 아들의 나이 차였다. 대대로 학자를 배출한 집안에 태어나 곱게 자란 루미의 영혼에 방랑자 샘즈가 불을 지른 것이다. 샘즈는 아마 파계한 원효 대사, 아니면 머리를 기르고 홀연히 사라져 버린 경허 스님 같은 사람이 아니었을까? 그 심정을 루미는 시에서 이렇게 표현했다.

내가 전에 신이라고 생각했던 그것……

오늘

나는

한 사람 속에서 만나네.

그 후 두 사람의 기이한(?) 행동은 계속된다. 샘즈는 루미의 책들을 우물 속에 던져버린다. 그 행위는 이제 루미가 책에서 읽었던 그 진리들을 온몸으로 살아내야 한다는 상징적인 가르침이었다. 샘즈와의 만남은 전통적인 신학자, 학장, 법률가로 살아왔던 루미의 삶을 폭파해버렸다. 이제 루미는 춤추는 시인이 된다. 그들의 떼려야 뗄 수 없는 합일, 충만한 존재의 엑스터시로 가득한 침묵과 대화, 아무도 침입할 수 없는 공간의 에너지는 많은 사람의 의심과 질투를 불러일으켰다. 도대체 이 두 남자는 아무 데도 가지 않고 아무 일도 하지 않고 방에 틀어박혀 무엇을 하는 걸까? 둘이 말도 없이 마주 보고 앉아 왜 서로의 눈만 들여다보는 걸까? 그들은 서로의 눈에서 무엇을 보고 있는가? 그들은 연인인가? 남자끼리? 왜 그들의 사랑은 주변의 많은 사람을 혼란스럽고 불편하게 만드는가? 이 사랑의 정체는 무엇인가?

　루미와 샘즈는 주변 사람들이 가슴을 졸이고 있을 때도 남들의 눈총과 불편해하는 에너지에 전혀 흔들리지 않았다. 루미는 샘즈 안에서 신성이 완벽하게 비치는 거울을 보았고 목마르게 기다려온 이상적인 애인을 발견했다. 샘즈는 신에게로 다가가는 '좁은 문'을 루미에게 열어주었다. 루미가 샘즈에게 완전히 빠져들었다는 사실만으로도 주변의 사람들은 충분히 불편했는데 특히 루미의 제자들이 가장 힘들어했던 것 같다. 훌륭했던 스승이 이제는 그들로부터 점점 멀어져갔고 타브리즈에서 온 샘즈에게만 관심을 보인다는 것이 그들을 견딜 수 없게 만들었다. 루미는 샘즈와 함께한 처음 40일간 무슬림 지도자라면 당연히 해야 할 공적 기도 시간에 나가지도 않았고 수업이나 설교도 전혀 하지 않았다. 루미의 시에서 보듯이 그들은 "달력에 없는 시간을 살았다".

　이러한 루미의 행동 때문에 결국 모든 사람이 경고 등을 켜고 말았다. 주변 사람들은 점점 더 깊은 혼돈과 실망에 빠져들었다. 마침내 그들의 분노는 샘즈의 삶을 위협하는 데까지 이르렀다. 긴장이 계속되는 어느 날 샘즈는 갑자기 루미의 삶으로부터 사라져버린다. 아무리 주변을 찾아보아도 샘즈가 어디 있는지 알 수 없었다. 샘즈를 잃어버린 루미는 깊은 절망과 우울에 빠진다. 그토록 사랑하던 샘즈는 어디로 갔는가? 루미는 그를 다시 찾을 수 있을까? 루미가 샘즈에게 느꼈던 감정을 참으로 잘 표현한 시의 구절을 보면서 그 사랑을 함께 더듬어보자.

춥고 비가 오면
당신은 더욱 아름답지.
······

당신은
한번도 태어나지 않은
그 신선함.
······

그 아름다움 외엔
아무것도 나를
구할 수 없지.
······

나는 그 웅장함 속에서

길을 잃네.

이별

루미는 온갖 곳을 수소문한다. 그러다 샘즈가 시리아의 다마스쿠스에 있다는 사실을 알아내고 큰아들 발라드Valad를 그곳으로 보낸다. 발라드는 다마스쿠스의 한 주막에서 술에 취한 샘즈를 발견한다. 발라드는 꼭 모시고 돌아오라는 아버지의 전갈과 그의 힘든 상태를 전했고 결국 설득하는 데 성공해 샘즈를 다시 코니아로 데려온다.

루미와 샘즈가 다시 만났을 때의 광경은 사람들을 더욱 혼돈에 빠뜨렸다. 그들은 다시 만나자마자 서로의 발밑에 쓰러졌다고 전해진다. 아무도 범접할 수 없는 그들의 신비로운 사랑에 사람들은 의아해할 뿐이었다. 루미는 샘즈를 집안의 젊은 여성과 혼인시켜 자기 집에 모신다. 샘즈는 그곳에서 1248년까지 머물렀다. 둘 사이의 깊은 소통은 계속되었고 동시에 이 신비스런 관계를 바라보는 사람들의 불편함, 의심, 질투도 점점 깊어갔다.

그러던 어느 날, 샘즈와 루미는 깊은 대화를 나누고 있었다. 누군가가 뒷문에서 샘즈를 불러냈고 그는 대화를 잠깐 멈추고 뒷문으로 나갔다. 그리고 영원히 돌아오지 않았다. 샘즈는 다시 소리도 없이 루미의 삶에서 사라져버린 것이다. 이번엔 아무리 수소문해도 그가 어디에 있는지 찾아낼 수 없었다. 괴로워하던 루미는 샘즈를 찾으려고 두 번이나 다마스쿠스에 갔지만 매번 허탕이었다. 어디에서도 샘즈의 흔적조차 찾을 수 없었다.

루미의 전기를 쓴 많은 학자들은 샘즈가 둘 사이의 관계를 질투하는 사람들 손에 죽임을 당했을 거라고 한다. 또 그 살인자는 바로 루미의 둘째 아들, 알래딘Allaedin이라고 추측한다. 샘즈가 영원히 사라진 후 루미는 정신없이 그를 찾아헤맨다. 그러나 어떤 방법을 써도 샘즈를 다시 찾을 수 없었고 루미는 그 참을 수 없는 사랑에 대한 목마름을 열광적인 시로 표현하기 시작한다. 애인이 떠난 후 진짜 시인이 탄생한 것이다. 루미는 이 소중한 사랑의 잃어버림을 시로 읊었다.

사랑의 도살장에선
그들은 오직 최고를 죽인다.
약하고 망가진 건
죽이지 않는다.

이 죽음으로부터
도망가지 마라.
사랑 때문에
죽임을 당하지 않은
모든 이들은

죽은

고깃덩어리일 뿐……

깨달음

샘즈의 부재는 루미의 존재를 변화시킨다. 다마스쿠스에서 샘즈를 찾아 헤매다가 루미는 몸을 가진 현실의 샘즈를 다시는 만나지 못하리란 사실을 받아들인다. 그 순간 그토록 그리던 '진짜' 샘즈가 이미 자기 안에 들어와 있다는 것도 깨닫는다. 두 연인은 더 이상 떨어진 실체가 아니었고 이미 영원한 하나가 되어 있었다.

나는 왜 찾고 있나?

그와 나는 같다.

그의 본질은 나를 통해서 말한다.

나는 지금껏 나 자신을 찾고 있었다!

아이러니하게도 루미와 샘즈의 이별이 둘의 합일을 완성시켰다. 샘즈는 완벽하게 루미 안에 스며들었다. 이제 루미가 엑스터시 속에서 춤추고 시를 읊는 히피 같은 수피 시인으로 태어났다. 샘즈는 루미를 통해 시를 쓰는 듯했다. 훗날 루미는 이 시들을 출판했는데 책의 제목이 《타브리즈에서 온 샘즈의 작품집The Works of Shams of Tabriz》이었다. 루미는 샘즈와의 사랑에서 합일을 경험한 후 신과의 합일이 무엇인지 알아가게 된다. 점잖은 신학교 학장이었던 루미는 이제 어디서든 데르비시 춤을 추며 엑스터시에 빠져 신과의 합일과 사랑의 기쁨을 노래하는 음유 시인이 되었다.

루미는 항상 자신은 시인이 아니라고 말했다. 루미 시대의 시인은 시의 운율과 형식을 철저히 지켜야 하는 예술인이었고 자신들을 후원하는 사람들에게 의지하고 있었다. 루미의 시는 그 모든 것을 무시했다. 그의 시들은 매우 즉흥적이었고 당시의 형식이나 규칙에서 아주 많이 벗어나 있었다. 그리고 루미는 한 번도 자기 손으로 책을 쓴 적이 없었다. 오늘날 볼 수 있는 그의 수많은 책은, 사실 그가 황홀의 경지에서 쏟아낸 내용을 제자들이 정리해서 엮어낸 것이다. 루미는 깨달은 선사들이 마치 어린아이 같은 모습을 보이듯 춤추고 노래했다. 그리고 존재하는 모든 것 속에서 신의 현존을 느끼기 시작했다. 루미의 시 〈이것처럼Like This〉은 새로운 영성의 경지를 잘 나타내고 있다.

이것처럼

누군가 그대에게
성적인 갈망의
완벽한 충족은
어떻게 보여질까

묻는다면,
그대 얼굴을 들어 보이며
말하라.

이것처럼.

누군가가 그대에게
밤하늘의 아름다움에 대해
말한다면,
지붕 위로 올라가 춤추면서
말하라.

이것처럼?

누군가가 '영spirit'이 무엇인지
혹은 '신의 향기'가 무엇을 의미하는지
알고 싶어 한다면,
그대의 머리를 그에게 기대고
그대의 얼굴을 그에게 가깝게 하며
대답하라.

이것 같아.

누군가가 구름이 서서히 달을 드러내는
시적인 이미지를 인용할 때,
그대 두루마기의 매듭을
천천히 하나씩 풀며
응답하라.

이것처럼?

만약 누군가가
어떻게 예수가 죽은 자를 살려냈는지
의아해한다면
기적에 대해
설명하려 하지 말라.
내게 입 맞추며 보여주라.

이것처럼 이것처럼.

누군가가
'사랑을 위해 죽는다'가

무슨 의미인지 물을 때
손가락으로 땅을 가리켜라.

여기서 죽어.

만약 누군가가 내가 얼마나 크냐고 묻는다면,
인상을 쓰며
그대 양미간에 잡힌 주름들 사이의 공간을
손가락으로 재보며 말하라.

바로 이만큼

영혼은 가끔씩 몸을 떠났다 돌아온다.
누군가가 그것을 믿지 못한다면,
나의 집으로 걸어 들어오며 알려주라.

이것처럼

연인들이 신음 소리를 낼 때,
그들은 우리들의 이야기를 하고 있다.

바로 이거야.

나는 영들이 살고 있는 하늘이다.
산들바람이 비밀을 말해줄 때
깊어가는 청남빛 하늘을 바라보리.

이렇게.

누군가가 뭐 할 일 있냐고 물어볼 때
그의 손에 초를 밝혀주라.

이것이야.

요셉의 향기는
어떻게
야곱에게 왔을까?

후우우우우

어떻게
야곱의 시력이 돌아왔을까?

후우우우

작은 바람이
그의 두 눈을 청소했다.

이것처럼

샘즈가 타브리즈로부터
다시 돌아오면
그는 그의 머리를
문지방에 올려놓고
우리를 놀라게 하리라.

이것처럼

루미는 더 이상 신을 설명하려 들지 않았다. 그는 이제 모든 일상을
통해 신을 표현하려고 했다. 루미는 그의 제자들에게 수피 영성의 발전
단계를 다음과 같이 가르쳤다.

첫 번째 단계는 신이 아닌 다른 것들을 따르는 상태다. 이 단계의
사람들은 세상이 줄 수 있는 것, 즉 돈, 권력, 명예, 배움, 학문적 성취에
자신을 종속시킨다. 이들은 자신들의 독립된 에고를 믿고 신은 저 멀리

떨어져 있는, 자신들과는 별 관계 없는 어떤 존재라고 생각한다. 그들은 아직도 동물적인 영의 영향으로 자신의 에고를 믿는 망상에 빠져 있다. 그들은 현세에만 관심을 기울인다. 그리고 눈앞의 이익에 빠져 인생을 살아간다.

두 번째 단계는 금욕의 단계다. 금욕주의자는 이 세상의 모든 것을 부정한다. 그리고 이 세상에서 종말을 기다린다. 그들은 현실의 만족보다는 저세상에서 상을 받고 싶어 한다. 첫 번째 단계의 사람들이 신을 저 멀리 있는 어떤 제3의 대상으로 생각한다면 두 번째 단계의 사람들은 신과 자신과의 이원론적 관계를 설정한다. 그들은 저기 하느님이 있고 여기 내가 있기에 자신이 하느님을 경배한다고 생각한다. 진지한 영적 수행을 하고 있지만 하느님과 자신을 분리한다.

세 번째 단계에서는 모든 것이, 자신의 에고조차도, 오직 하나의 실체인 하느님으로부터 나온 일시적 현상이라고 생각한다. 그들은 신만이 진짜라는 것the Real을 알며 에고의 죽음을 경험한다. 그들은 자기가 자신이라고 생각한 것에 죽음을 고하고 '영' 안에서 다시 태어난다. 신과의 일치, 합일에 들어가는 것이다. 또 신의 실체에 참여하고 이 세상에서는 고요한 침묵의 존재가 된다. 그는 신에게 철저히 자기를 던지는surrender 사람이 된다. 이제 자기 뜻대로 사는 사람이 아니라 신의 뜻대로 사는 사람이 되는 것이다. 그는 이 세상이 정한 시간과 공간에서 자유로운 사람이다. 이렇게 내면의 빛을 따르는 사람은 아직도 외부의 힘만 따라가는 사람들의 안내자, 스승이 될 수 있다.

　　루미는 우리의 인생을 고향을 찾아가는 긴 여행으로 비유했다. 그의 시에는 집으로 돌아가지 못하고 주막집에서 술에 취해 헤매는 많은 인물이 등장한다. 삶이라는 주막집에서 우리는 많은 것에 취해 살고 있다. 인간으로 산다는 것은 바로 여러 가지 욕망으로 점철되어 있는 주막집으로 들어오는 것이고, 거기서 우리 모두는 인생 수업을 받게 된다. 우리도 이 주막집에서 마시는 여러 향기의 와인처럼 스스로를 향기로운 와인으로 만들 수 있어야 한다. 향기로운 와인은 어떻게 만들어지는가? 그러자면 먼저 에고라는 포도 껍질이 터져야 하고 으깨진 포도를 답답한 술병에 담아 어두움 속에서 외롭게 숙성시키듯 '존재의 발효'를 경험해야 한다.

　　사실 우리 모두는 주막집을 경험해야만 한다. 주막집은 어떤 의미에서 '아름다운 지옥'이다. 루미는 우리가 주막집에 있을 때 자기 마음을 절대로 속이지 말고 그 마음의 소리를 들어야 한다고 가르쳤다. 우리는 욕망을 채우는 기쁨, 욕망이 채워지지 않을 때의 고통, 그 고통과 기쁨을 수없이 반복하다가 모든 것의 덧없음을 깨닫고 주막집을 나온다. 주막집 앞에서 토하기도 하고 고성방가를 하고 길바닥에 주저앉아 꺼이꺼이 울다가 이제는 집으로 가야겠다고 생각한다. 우리의 영혼은 진짜 고향인 신을 향해 발걸음을 떼기 시작한다. 루미는 주막집에서 고향을 찾아가는 과정을 시로 표현한다.

　　너의 모든 정열을 마셔보라.

그리고 웃음거리가 되라.

다른 눈으로 볼 수 있기 위해
그대의 두 눈을 감아라.

. ...

늑대처럼 행동하는 것을 그만두라.
그리고 목자의 사랑이
그대를 채우는 것을 경험해보라.
....

음식을 향해 너의 입을 닫아라.
대신 그대 입술 안의
애인의 입술을 맛보아라.

"그녀가 떠났어"
"그가 떠났어" 하며
그대는 신음한다.
고민하지 마라.
스무 명도 넘게 더 나타날 것이다.

모든 걱정을 비워버려라.

누가 그 걱정거리를 생각해냈는가!

문이 활짝 열려 있는데

그대는 왜 감옥에 머무르는가?

두려움의 생각으로 뒤엉켜 있는

그 공간 밖으로 빠져나오라.

침묵 속에서 살아라.

항상 더 넓게 확장되는

존재의 장으로

아래로 아래로

흘러내려라.

영혼의 애인 – 친구

루미에게 애인의 존재는 이 고향으로 돌아가는 여정에서 자신을 있는 그대로 보여주는 거울과도 같았다. 수행하는 모든 사람은 단식, 명상, 기도를 하며 자신이 누구인지 있는 그대로 보려고 노력해왔다. 그리고 그 과정에서 자신의 참 자아를 더욱 깊이 알아냈다. 그런데 루미는 자기

샘즈의 무덤. 샘즈는 홀연히 사라졌다고도 하고,
루미의 제자들에게 죽임을 당했다고 전해진다.
특정 증거에 따르면 그는 코니아를 떠나 코이에서 죽은 것으로 보인다.

를 비춰줄 살아 있는 존재의 거울이 필요했던 것 같다. 그는 죽는 날까지
자신과 함께하며 '애인-친구'가 되어줄 누군가를 항상 곁에 두었다. 루
미의 전통에서는 수행할 때 이처럼 친밀한 도반을 만들라고 격려한 듯한
데 이 존재를 '친구'라는 이름으로 불렀다. 그는 자신의 영적인 공동체도
'친구 공동체'라고 하며 영혼의 친구들 사이의 교류를 장려했다. 영혼의
고향으로 돌아가는 과정에서 친구의 존재는 꼭 필요한 요소였던 것 같
다. 깨달음으로 가는 길에는 도반의 격려가 큰 도움이 된다.

　　샘즈가 사라진 후 루미는 코니아로 다시 돌아와서 평정을 찾으려
노력한다. 그리고 예전에 해왔던 가르침과 설교도 다시 시작한다. 루미
는 첫 번째 아내가 죽은 후 기독교인 여성과 다시 혼인했다. 그녀는 혼인
하면서 무슬림으로 개종했는데 이름은 키라 카툰Kira Khatun이었다. 루미
와 새 부인 사이는 깊은 사랑으로 연결되어 있었다고 전해진다. 불같은

정열로 가득한 신비가인 루미에게 이 관계는 일상생활에서 마음의 평화와 안정, 그리고 고요함을 제공했다.

그러나 루미는 이 사랑만으로 살 수 없었다. 그에게는 다시 완전한 사랑을 비춰줄 또 다른 거울, 진리를 찾아가는 영적 여행의 동반자가 필요했다. 그는 새로운 존재를 찾아냈는데 이름은 살라후딘 파리둔 자르쿱 Salahuddin Faridun Zarkub이며 대장장이였다. 그 역시 루미처럼 사이드 부르하누딘의 제자였다. 루미가 살라후딘을 그의 거울, 친구로 정하고 친밀한 우정을 키워나가자 다시 주변의 많은 사람이 불편해했다.

역시나 그의 제자들이 이 관계를 특히 불편해했다. 제자들은 대단한 교육을 받은 학자인 스승이 자신들의 눈으로 보기에는 무식하고 세련되지 않은 대장장이하고 깊은 영적 교제를 나눈다는 것이 기분 나빴다. 그래도 샘즈는 히피 같긴 했지만 그들도 인정할 수밖에 없는 학문적인 배경과 카리스마가 있었다. 하지만 이 평범하고 조용한 대장장이 살라후딘이 위대한 스승의 영적 파트너라는 사실을 받아들이긴 힘들었다. 좋지 않은 소문과 비판이 무성했지만 루미는 전혀 개의치 않았다. 두 사람은 살라후딘이 죽음을 맞는 1258년, 마지막 임종의 순간까지 특별한 우정을 함께 나눈다. 10년이나 지속된 관계였다.

루미에게 살라후딘과 나눈 사랑과 우정은 샘즈와 맺은 관계와는 대조적이었다. 샘즈와는 정열적이고 불 속을 함께 걸어가는 것처럼 뜨거운 사랑을 나누었다면, 살라후딘과는 조용하고 따뜻한 잔잔한 우정을 함께 나누었다고 볼 수 있다. 거기에는 여러 가지 이유가 있다. 루미에게 샘즈는 첫사랑이었고 그가 깨달음을 얻은 도인이었기에 존재 자체가 아주 컸다. 아마도 모범생으로 정도만 걸어오던 루미에게 샘즈는 원숙한 스승 같은, 태양 같은 존재이지 않았을까? 그리고 루미가 샘즈를 만났을 때는 젊은 나이였다. 루미의 존재를 불 속으로 이끌면서 모든 에고를 불태우게 인도했던 샘즈와의 관계는 황홀하기도 했지만 존재를 부술 만큼 고통스럽기도 했을 것이다. 처음 만났을 때 기절할 만큼 강렬했던 그들의 시너지, 사라졌다가 다시 나타나 두 번째 만났을 때도 서로의 발밑에 쓰러질 수밖에 없었던 강렬하고 애타는 그리움, 그들의 만남은 성스러운 불의 만남이었다. 불필요한 모든 것을 관계를 통해 태워버릴 수밖에 없었던 루미와 샘즈의 사이는 문자 그대로 '목숨 건 사랑'이었다. 결국 이 관계를 때문에 샘즈는 살해되었으니까 말이다.

루미는 샘즈를 애타게 찾아 헤매다가 결국 깨달음을 얻고 마음을 정리했다. 하지만 샘즈가 남기고 간 불에 탄 빈자리에는 누구와도 다시 들어갈 수 없었을 듯싶다. 이처럼 화염의 폭풍 같은 사랑이 지나간 후 루미에게는 시원하고 잔잔한 시냇물 같은 사람이 필요하지 않았을까? 37년 동안 알고 있던 루미라는 자아가 다 타서 재가 된 자리에 다시 물을 촉촉이 흘려보내는 일. 그 젖은 비옥한 땅에 새로운 푸른 싹을 틔워낼 수 있는 사람은 아마도 살라후딘처럼 굳건히 대지에 뿌리내리고 평범하게 살아가는 조용한 사람이었을 것이다. 매우 뜨거운 사랑 뒤에 정반대 성향의 파트너에게 끌리는 것은 매우 자연스러운 삶의 지혜일지 모른다. 루미와 살라후딘 사이의 우정은 이렇게 조용하고 평화로웠다.

터키에 있는 루미의 무덤.

살라후딘이 이 세상을 떠났을 때 루미는 51세였다. 루미에게는 그의 거울이 되어줄 새 애인-친구가 또다시 필요했다. 루미는 대상이 있어야 영적인 시가 쏟아졌던 듯하다. 그 삶의 마지막 15년을 함께해준 동반자는 제자였던 후사무딘 첼레비ᴴusamuddin Chelebi였다. 그는 금욕적인 성향을 가진 젊은 신학도 수행자였는데 항상 루미의 옆을 그림자처럼 붙어 다니며 루미가 쏟아내는 모든 시를 그 자리에서 받아 적었다. 후사무딘의 헌신적인 편집 작업 덕분에 루미의 대표 시 전집《마스나비ᴹasnavi》가 이 세상에 태어날 수 있었다.

제자들과 영적인 친구들 그리고 그가 살던 공동체를 잘 가르치고, 상담하고, 영적으로 돌보다가 루미는 1273년 12월 17일에 이 세상을 떠난다. 그의 나이 66세였다. 그는 죽기 전에 병상에서 자신을 찾아온 영적 공동체의 친구들에게 이런 말을 남겼다고 한다.

나는 이 세상에서 두 가지 집착을 가지고 있소. 하나는 내 몸에 대한 집착이고 다른 하나는 당신들, 내 친구들에 대한 집착이오. 내가 신의 은혜로 적막하고 추상적인 저세상에서 내 몸이 전부 해체될 때도 나의 내 친구들에 대한 집착은 계속될 것이오.

루미의 유산

루미가 남긴 가장 큰 유산은 사랑하는 대상과의 깊은 만남을 통해 신을 발견하고 깨달음에 도달하는 새로운 수행 전통을 알려준 것이 아닐까? 그는 애인과의 깊은 만남과 관계를 통해 신의 거룩한 현존에 참여한다. 나는 개인적으로 이 수행 전통이 가장 어렵고도 아름다운, 신을 찾아가는 하나의 길이 아닌가 생각한다. 진정한 참 자아를 찾아가기 위해 남(다른 대상)이 필요하다는 사실은 우리를 겸손하게 만든다. 나는 이 관계성의 영성을 사랑한다. 이 영성이야말로 체화된 성육신의 영적 전통으로 우리를 인도해갈 것이다.

그런데 나는 루미의 관계성의 영성을 무척 사랑하면서도 그가 왜 영적 파트너로 항상 남자만 선택했을까 의문이 든다. 루미는 부인과 사이도 좋고 참 따뜻한 관계를 보냈다는데 왜 그녀들과는 이러한 영적인 관계를 맺으려 하지 않았을까? 아마도 루미가 학문에서 많은 영향을 받았다는 신플라톤주의(플라톤 철학의 계승과 부활을 내세우며 3~6세기에 로마 제국에서 성행했던 철학 사상)의 영과 육의 분리, 정신세계와 물질세계의 분리, 그리고 남성을 신과 영혼에 가까운 존재로 여성을 물질과 육체에 가까운 존재로 보던 그 당시의 세계관 때문은 아니었을까? 아마도 루미는 부인들에게서 일상생활과 육체의 필요를 충족시켰고 남자 애인들에게서 초월의 세계와 신을 찾아가는 영적인 여행을 위한 필요를 충족한 것은 아닐까?

티베트 불교의 탄트라 전통에서는 남성과 여성이 도반이 되어 깨달음에 찾아가는 것이 자연스러운데 루미의 영적 애인들이 전부 남성이었다는 점이 섭섭하게 느껴진다. 들려오는 이야기에 의하면 장미가 활짝 핀 정원에서 루미는 여성들과 춤을 같이 추었고 루미가 엑스터시에 들어 춤을 출 때 여성들이 장미 꽃잎을 모아 루미에게 뿌렸다고 한다. 이런 이야기를 들어보면 루미는 여성들의 데르비시 수행을 격려한 듯한데 영적인 동반자로까지는 선택하진 않은 것 같다. 아마도 당시의 사회적 규율과 종교적 상상력이 남녀보다는 남성끼리 영적인 동반자가 되는 것을 훨씬 선호한 것 같다.

애인의 거울에 나의 벌거벗은 존재를 있는 그대로 비추며 나 자신을 알아가고 그를 알아가고 신을 알아가는 것……. 참으로 아름답고 고통스러운 영적 순례의 길이다. 한 상대와 깊이 알고 알아지는 것……. 이 앎을 통해 우주가 열리고 신의 세계가 열린다. 목숨 건 사랑이 주는 선물이다. 사실 이슬람 전통에 따르면 우리의 삶은 '한여름 들판에 내리치는 번개처럼' 짧은 여행이다. 그 짧은 여행에서 가장 중요한 건 무엇일까?
만약 나에게 답하라면 내 답은 아주 간단하다. 그건 '목숨 건 사랑'이다.
무엇이 이보다 더 가치 있을까? 번개처럼 짧은 인생길이 끝날 때 내가
얼마나 많은 학문, 명예, 돈, 성공을 이뤄냈느냐는 내가 얼마나 깊이 많
이 사랑했느냐에 비춰보면 별 큰 의미가 없을 것처럼 느껴진다.

　삶에서 이 목숨 건 사랑을 한번도 체험해보지 못하고 다른 많은 것
을 얻었다면 나는 아마도 루미처럼 "그게 다 무슨 소용인가요"라고 말하
지 않을까?

　봄의 정원으로 오세요.

　빛과 와인, 석류꽃 향기가 가득하네요.

　당신께서 오시지 않으면

　이게 다 무슨 소용인가요.

　그리고……

　당신께서 오신다면

　이게

　또

　다 무슨 소용인가요.

참고 문헌

그동안 루미에 대해 공부하고 읽은 많은 책 중에 이 글을 쓰기 위해 가장 많이 본 몇 권의 책만 골라보았다. 글의 성격상 정확한 학문적 인용 방법을 따르면서 글을 쓰지 않고 이야기체로 풀어낸 점을 독자들께서 너그럽게 이해해주시길 바란다.

- 루미, 《사랑 안에서 길을 잃어라》, 이현주 엮음, 샨티, 2005.
- 현경, 《신의 정원에 핀 꽃들처럼》, 웅진지식하우스, 2011.
- Coleman Barks with John Moyne, *The Essential Rumi*, Haper SanFrancisco, 1995.
- Nevit O. Ergin, *The Glory of Absence*, Echo Publications, 1997.
- Andrew Harvey, *Teachings of Rumi*, Barns & Noble Books, 1999.
- John A Moyne, *Rumi and Sufi Tradition*, Mazda Publisher, 1998.
- Jonathan Star, *Rumi in the Arms of Beloved*, Penguin Putnam Inc., 1997.
- W. M. Thackston, Jr, *Signs of the Unseen*, Threshold Books, 1994.

"진정 사랑하는 나의 물고기,
나는 당신이 내 앞에서 무릎을 꿇었을 때
얼마나 흔들렸는지 표현조차 할 수 없습니다."

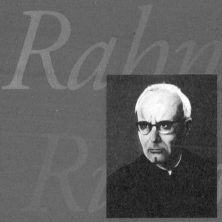

카를 라너 & 루이제 린저

익명의 사랑

이 글은 소설과 에세이가 교차로 쓰였으며, 소설은 사실에 근거해 재구성되었다.
소설 부분은 소제목 끝에 ▪ 모양의 약물을 표시하고 서체를 달리 사용해 구분했다.

이충범

연세대학교(문학사)와 감리교신학대학교(신학사)를 거쳐 드루 대학교 신학부에서 신학 석사학위를, 대학원에서 중세신비주의 연구로 철학 박사학위를 받았다. 현재 협성대학교 신학부의 역사신학교수로 재직 중이며 중세미시문화사, 문화신학, 일상신비주의에 관심을 기울이고 있다. 지은 책으로는 《노래로 듣는 설교》《중세 신비주의와 여성》 등이 있다.

깨어진 침묵*

잠은 신비스러운 일상, 온전히 자신을 자연의 규칙 속에 내맡기는 행위라고 믿어왔던 라너 신부는 밤새 선잠과 복잡한 꿈에 시달렸다. 꽁꽁 얼었던 인Inn 강은 녹아 또 다른 한 해의 행진을 서서히 시작하고 있었지만 아직 알프스의 끝자락 노르트케테에서 불어오는 새벽바람은 수도복 사이를 매섭게 비집고 들어왔다. 옷깃을 여민 라너 신부는 바오로 채플로 향했다. 지그시 감은 그의 눈은 당황함과 뭔지 모를 흥분에 가볍게 떨렸다.

"차분하고 조용한 마음을 익히는 길은 여러 가지가 있습니다. 청아한 예술품을 본다든지, 순수하고 맑은 음악을 듣는다든지, 가족과 친구 사이에서 은근하고 맑은 사랑을 체험한다든지, 이해타산을 넘어선 고도의 인식과 달관을 경험한다든지, 그 밖에 또 다른 예술적, 전인적, 관상적 체험이 우리의 잠심潛心을 익히는 길입니다. 그러나 궁극적으로 그 자체로서 지탱될 수 있는 평정은 기도뿐입니다. 오직 우리가 하느님이라고 부르는 무한한 신비와의 사랑의 합일에서만 우리는 다시 더 가지 않아도 되는 데에 도달할 수 있고, 하염없이 헤매는 움직임의 한순간이 아닌 영원한 평정을 찾을 수 있습니다."

환갑에 가까운 그가 평생을 바쳤던 기도였다. 그러나 오늘따라 늘 익숙하게 들었던 새벽 기도에 그는 깊이 빠져들 수가 없었다. 기도에 집중하려고 할수록 뭔지 모를 흥분에 가슴이 쿵쾅거렸고, 일각이라도 빨리 채플의 문을 박차고 나서고 싶은 조급함이 밀려왔다. 더 이상 억지로 기도에 드는 것조차 무의미하게 느껴진 라너는 문을 열고 나와 평소처럼 카니시아눔Canisianum(인스부르크 신학부 학생을 위해 예수회에서 운영하는 기숙사였으나 현재는 일반 학생의 기숙사로 사용됨) 주변을 산책하기로 했다. 그러나 저 멀리서 그를 내려다보는 알프스도, 이제 막 싹을 내미는 정원 수도, 파릇파릇 피어오르는 정원 잔디도 눈에 들어오지 않았다. 그의 시선은 자꾸 왼 팔목을 수십 년째 점령하고 있는 낡은 시계에만 집중되었다. 1962년 봄 어느 날, 라너 신부는 그녀의 방문을 기다리고 있었다. 아니 그녀의 방문 소식에 벌써 며칠째 그가 그렇게 강조했던 '신비 속의 일상'이 깨어지고 있었다.

당시 라너는 무척 바쁜 나날을 보냈다. 가톨릭 신학자 중에 가장 진보적인 신학자로 알려진 그는 자신의 저작물에 떨어진 로마의 출판 금지령에 대항하고 있었다. 다행히 1962년이 되자 요한 23세는 그를 복권시켰고 더 나아가서 제2차 바티칸 공의회의 고문 신학자로 선임했다. 그러나 라너는 이런 영광의 자리를 향유하고 있을 수만은 없었다. 미래 교회의 갈 길을 결정하는 공의회를 통해 그는 자신이 그린 개혁적인 미래 설계도를 반영하고 싶었다. 그러나 도처에 포진해 있는 보수적 신학자와 사제 들이 그의 견해에 강력하게 반발했다. 이들과 벌일 토론과 논쟁을 준비하느라 라너는 늘 잰 발걸음으로 뛰어다녀야 했다. 이렇게 바쁜 일상 중 어느 날 라너는 향수 냄새가 짙게 밴 한 통의 편지를 받았다. 의아스러운 표정으로 발신인을 확인하던 라너는 자신의 눈을 의심했다. 로마 근교 로카디파파Rocca di Papa에서 온 편지에는 루이제 린저라는 이름이 또렷하게 새겨져 있었다. 그리고 오늘 마침내 린저와의 만남의 시간이 다가오고 있었다.

린저는 이제 자신이 하는 일에 푹 빠질 수 있었다. 이혼한 지도 벌써 3년. 그녀와 함께했던 세 번째 남자 카를 오르프Carl Orff, 1895~1982는 그녀의 기대만큼이나 천재적인 사람이었다. 린저는 그가 단지 〈카르미나 부라나Carmina Bourana〉라는 대작을 썼다는 사실만으로 그에게 매료된 것은 아니었다. 독실한 가톨릭 집안 출신인 그녀가 자기 종교에 두고 있는 일정한 거리보다 오르프는 더 멀리 가 있는 사람이었다. 이교도적 정신, 원초적이고 단순화된 작법, 육체의 힘을 음악적 방식으로 드러내려고 했던 오르프에게 린저가 빠져들었던 것은 오히려 당연했다. 그렇지만 그와 함께했던 5년여의 결혼 생활은 이전 두 차례의 결혼만큼이나 지루했다.

1959년 린저는 세 번째로 이혼하며 지긋지긋한 독일 땅을 떠났다.

꿈에 그리던 따듯한 남쪽, 눈만 돌리면 고대의 숨결이 가득한 로마에 정착한 린저는 오랜만에 자신만의 삶을 향유하고 있었다. 그러나 단지 로마의 온화한 기후와 쏟아지는 태양만이 그녀를 행복하게 한 것은 아니었다. 음습한 기후, 늘 가득한 안개 속에서 지냈던 조국 독일에서의 삶은 항상 우울했다. 나치의 폭력을 경험했던 그녀에게 조국은 또 다른 비난의 폭력을 쏟아붓고 있었다.

고리타분한 관념론자로 가득 찬 조국 독일의 비평계는 그녀의 일거수일투족을 보며 마치 도덕 선생처럼 가르치려 들었다. 그러나 린저에겐 불법 주차를 하면 신고하는 독일인보다 단속하는 시간을 알려주는 이탈리아인이 더 가깝게 느껴졌다. 틈이 있는 나라, 이탈리아를 린저는 서슴없이 찬양했다. "내 인생을 나는 이탈리아에서만 살아낼 수 있어요. 여기에서는 격정을 공개적으로 표출하기 때문이죠." 밝고 여유로운 로마 생활은 그녀가 답답한 조국에서 느끼지 못한 큰 해방감을 충분히 맛보게 해주었다.

주섬주섬 여행 가방을 꾸린 린저는 다빈치 공항으로 가기 위해 열차에 올랐다. 가방 속의 취재 노트를 꺼내 보면서 그녀는 차분히 오늘의 만남을 상상해보았다. 그녀가 오늘 만날 사람은 어린 시절에 봤던 주름살 가득한 노수사는 아니다. 그리고 인스부르크에서 소나무와 주목에서 풍기는 향기 가득한 게오르규 수도원의 정원을 기대할 수는 없을지 모른다. 그럼에도 그녀는 자꾸 어릴 때 봤던 그 장면이 머릿속에 떠올랐다. 그럴 때마다 그녀는 고개를 흔들어댔다. 이제는 자신이 가진 어떤 전통적인 종교의 이미지에 더 이상 천착하고 싶지 않았다. 앞으로는 자신만의 종교성과 종교에 대한 관심을 대중과 공유하고 싶은 욕구를 느꼈다. 특히 린서는 여성에 관해서 진보적 신학자인 그의 생각을 꼭 듣고 인정받고 싶었다.

타인의 시선에는 어떻게 보였을지 모르거니 그녀는 자기 소설 속의 주인공인 니나처럼 진부하지 않고 자신 있게, 그러나 진지하고 성실하게 살아왔다. 말보다 기도를 먼저 배웠던 린저는 신앙생활에서도 마찬가지였다. 수많은 세월, 기도와 전례에 누구보다도 성실했고 헌신적이었다. 그러나 시간이 지날수록 그녀를 파고드는 깨달음이 있었다. 그것은 지금껏 배웠고 끊임없이 반복했던 종교 생활과 그 지침이 완전히 남성 중심으로 구성되었다는 것이다. 기도 후 다가오는 영혼의 느낌과 감정은 여성이 아닌 남성의 것이었고 몸 수행 방식 역시 그랬다. 때문에 린저는 스스로 물었다. "여성만의 특별한 영성이 가능한가?" 그리고 지금 그 물음의 답을 찾고자 최고의 신학자를 만나러 인스부르크 공항에서 택시를 잡아탔다. "카니시아눔으로 가주세요!"

소수가 아닌 모두를 위한 신학

가톨릭이건 개신교건 신학을 공부해봤다면 카를 라너Karl Rahner, 1904~1984에게 '최고'라는 형용사를 쓰는 데 주저할 사람은 그리 많지 않다. 독일 출신인 그는 한마디로 20세기 최고 신학자 중 한 사람이다.

1984년 한밤에 선종한 라너는 외견상 가장 모범적이고 조용하게 일생을 보낸 사람이었다. 그러나 인류의 종교 문화를 위하여 그가 남긴 커다란 족적은 오래도록 기억되고 있다.

1904년 프라이부르크의 독실한 가톨릭 가정에서 태어난 라너는 형 후고Hugo Rahner, 1900~1968를 따라 18세 때 예수회에 입회한다. 그 후 라너는 프라이부르크, 팔켄부르크 등에서 공부했다. 라너는 학교에서 마레샬 Joseph Marechal, 1878~1944이나 하이데거Martin Heiddegger, 1889~1976를 만났다. 당대 최고의 신학자, 철학자와 함께 수학하는 행운을 얻은 것이다.

1936년 예수회가 세운 인스부르크 대학에서 박사 학위를 받은 후 라너는 여러 대학에서 교수 생활을 했지만 대부분을 인스부르크에서 보냈다. 조용하게 지내던 라너를 전 세계적 인물로 만든 것은 제2차 바티칸 공의회였다. 1962년 10월 11일에 소집되어 1965년 12월 8일에 막을 내린 제2차 바티칸 공의회에 라너는 고문 신학자로 참여했다. 이때 주장한 '익명의 그리스도인'이란 개념은 지금까지도 신학계에서 통용되는 개념이 되었다. 라너의 복잡한 초월적 신학을 구구절절이 나열할 필요는 없지만 적어도 익명의 그리스도인이란 개념은 한번 검토해볼 만하다.

종종 그리스도교 청소년이 묻는 단골 질문이 있다. 그리스도교를 모르던 시절에 살았던 이순신 장군, 혹은 그리스도교가 성립되지 않던 시절에 살았던 공자님은 구원을 받았을까, 아니면 구원을 받지 못해 지옥 불에 떨어졌을까? 여기서 한 걸음 더 나아가서 그리스도교 외 다른 종교인은 과연 구원을 받을 수 있을까?

이 상식적인 물음에 대하여 그간 교회는 대답을 회피하거나 매우 보수적으로 대처하곤 했다. 구원은 '오직 그리스도를 통해서만' 가능하며 교회가 '유일한 구원의 방주'라는 것이 그때까지 교회의 대답이었다. 그런데 제2차 바티칸 공의회에서 라너는 이 상식적인 물음에 속 시원히 답했고, 그 답이 현재까지 가톨릭교회가 타 종교를 인식하는 전반적인 근거가 되었다. 바로 그 답이 '익명의 그리스도인'이란 개념이다.

라너에 따르면 하느님은 모든 사람이 구원을 얻고 진리의 삶을 살기를 원한다고 한다. 그런데 이러한 하느님의 의지가 오직 소수의 그리스도인에게만 제한된다면 하느님의 은총 자체가 제한되고 만다. 따라서 비록 그리스도를 모르지만 자기의 양심에 따라 행동하고 진리를 탐구하며 자기의 도덕적 양심이 요구하는 바를 실천하는 사람은 모두 '이름 없는 그리스도인'이라는 것이다. 그러니 양심과 진리를 추구하는 타 종교인 역시, 그리스도란 이름을 알지 못하지만 모두 이름 없는 그리스도인이다. 이러한 라너의 주장은 공의회에 반영되어 가톨릭교회의 공식 입장이 되었다. 익명의 그리스도인이란 개념은 무종교인이나 타 종교인을 그리스도교가 받아들일 뿐 아니라, 나아가 수백 년간 그리스도교가 누렸던 절대 종교의 자리에서 스스로 내려오는 사건이었다.

타 종교와 비신자에 대한 이론뿐 아니라 라너의 신학은 가톨릭의 입장에서는 매우 진보적으로 받아들여졌다. 피임과 여성의 사제 서품을 전향적으로 바라보는 태도는 언론에서도 집중적인 조명을 받았다. 살아생전 4,000여 권의 책을 썼고, 한 대학에서 연구와 교수에 몰두했고, 침묵과 수행에 전념했던 모범적 수사이자, 혁명적인 신학 이론으로 전 세계 신학계의 주목을 받았던 사제 라너 신부. 그러나 사후 그는 또 다른 사건으로 인하여 일반인에게 큰 관심을 받게 되었다. 사람들은 이 모범 사제가 한 여성과 깊이 관계돼 있을 뿐 아니라 삼각관계에까지 연관되었다는 사실에 흥분했다.

사제직 축성은 정작 제 삶에 들어온 당신의 마지막 위대한 말씀이며 영원히 제 삶을 규정짓는 취소할 수 없는 부르심입니다 _카를 라너._

저토록 자신의 사제직에 소명을 품고 있었던 모범적인 한 사제가 무려 22년 동안 한 여성에게 1,800통이 넘는 편지를 보내며 스토킹에 가까운 사랑을 고백했고, 질투로 괴로워했으며, 죽기 직전까지 전화통에 매달렸다는 사실은 우리의 흥미를 끌기에 충분하다. 이 두 사람의 사귐은 1962년부터 1984년까지 지속되었고 여건이 허락할 때는 직접 만나기도 했다. 이 기간 동안 두 사람은 엄청난 양의 편지와 전화 통화를 나누었다.

루이제 린저Luise Rinser, 1911~2002가 갖고 있는 편지는 무려 2,213통이나 되었다. 그중 1,847통은 라너가 보낸 것이며 린저가 보낸 편지는 366통에 불과했다. 어림잡아 계산해보면 라너가 다섯 통 정도의 편지를 보내야 린저에게 한 통의 답장을 받을 수 있었다.

두 사람이 사귀기 시작한 직후 라너는 편지 보내기에 집중했다.

1962년에 110통, 63년에 123통, 64년에 276통, 65년에 249통, 66년에 222통을 보냈다. 그 후 1968년부터 1970년까지 매년 약 100통이 넘는 편지를 보내다가 1971년이 되자 갑자기 75통으로 줄어들고 1972년엔 50통으로 줄어든다. 그 이후로는 매년 3통에서 15통의 편지를 보냈다. 급격하게 편지의 숫자가 줄어든 이유는 1971년 이후 편지 대신 전화를 사용하여 대화했기 때문으로 보인다.

라너는 때때로 하루에 3~4통의 편지를 보냈다. 그는 린저에게 받은 편지를 모두 보관하고 있었으며 죽기 전에 그 모든 편지를 그녀에게 되돌려 보냈다. 그 이유는 편지들을 사후에 무사히 보관하기 위해서였다. 물론 린저 역시 라너에게 받았던 모든 편지를 보관하고 있었고 라너가 세상을 뜨자 둘 사이에 오간 편지를 출판하고 싶어 했다. 그러나 독일 법률에 의하면 라너의 편지는 예수회가 소유권을 가지고 있었다. 예수회는 라너가 보낸 편지에 대하여 출판을 전면 금지했다.

이 때문에 린저는 그녀가 라너에게 쓴 답장만을 모아 1994년 《그라트반더룽Gratwanderung》이란 제목으로 출판했다. 이 책의 제목은 '살얼음판 걷기' '줄타기' 등으로 번역할 수 있는데 결국 경계의 문제를 의미한다. 물론 그 경계선이란 라너의 독신 서약이었다. 과연 라너 신부와 린저는 그 경계선을 넘지 않았을까? 평생 기도했던 그가, 그 경계선을 순수하고 어린 신자처럼 확고하게 지켰을까? 라너의 명제, 기도하는 그가 믿는다는 것은 무엇이었을까?

나는 기도하기 때문에 믿는다Ich glaube, weil Ich bete. 카를 라너

정열적인 글쟁이

라너의 일생을 잔잔한 호수에 비한다면 린저의 삶은 격랑의 바다
와도 같았다. 전후 독일 최고의 문학가, 좌파 지식인, 녹색당 정치인, 페
미니스트, 반핵 운동가 등 그녀에게 따라붙는 수많은 수식어처럼 린저의
삶은 자기 소설 속의 인물인 니나만큼이나 격정적이었다. 1911년 바이
에른 주 피츨링의 전통적인 가톨릭 집안에서 평범한 교사의 딸로 태어난
린저는 뮌헨 대학교에서 공부했다. 이미 그녀는 대학 시절 당시 독일을
풍미하던 사상가에 심취했고, 횔더린Friedrich Hölderlin, 1770~1843에게 깊은 영
향을 받았다. 대학 졸업 후 아버지처럼 초등학교 교사로 근무하던 린저
에게 삶을 송두리째 바꾸는 사건이 일어났다.

1939년 나치 입당을 거절한 그녀는 교사직에서 쫓겨났다. 그리고
반나치 작곡가 슈넬Horst Schnell, 1911~1943과 결혼해 두 아들을 낳고 평범하
게 사는 듯했다. 이 시기 린저는 처녀작인 《파문Die Gläsernen Ringe》을 발표
했는데 첫 작품부터 대문호 헤르만 헤세Hermann Hesse, 1877~1962에게 극찬을
받을 정도로 문학계의 주목을 받았다. 그러나 1942년 징집당한 린저의
남편은 이듬해 러시아 동부 전선에서 전사했고 린저 자신은 반나치주의
자로서 감시 대상이 되었다. 물론 그녀의 책 《파문》은 재출간 금지 처분
을 받았다.

린저의 자서전에는 그녀가 반나치 활동 때문에 1944년 투옥되었고 사형 선고를 받았다고 쓰여 있다. 그녀가 체포된 이유는 친구 남편의 고발 탓이었다. 린저가 친구와 반전에 대해 대화를 나누었다는 이유에서였다. 감옥에서 그녀는 화장지와 천 조각에 일기를 썼고 전쟁 후 이것들을 모아 책으로 펴냈다.

수용소에서 그녀는 작가 클라우스 헤르만Klaus Herrmann과 두 번째 결혼을 했다. 헤르만은 동성연애자이자 공산주의자로 나치가 가장 혐오하는 대상이었다. 린저는 그를 구하려고 위장 결혼을 했고 곧 헤어졌다. 사실 첫 남편 슈넬과의 사별, 투옥, 그리고 헤르만과의 두 번째 결혼에 대하여 린저의 자서전과는 다른 주장이 많다. 혹자는 린저 자신이 자서전을 통해 자신을 미화하려고 역사적 사실을 왜곡했다고도 한다. 그러나 분명한 역사적 사실은 첫 남편 슈넬은 전사했고, 린저는 투옥됐으며, 헤르만과는 수용소에서 결혼을 했다는 것이다.

전후 린저는 뮌헨의 신문사에 근무하면서 여러 작품을 발표했다. 그중에 1950년 발표한《삶의 한가운데》라는 작품으로 일약 세계적 명성을 얻었다. 격정적 삶을 사는 니나라는 인물을 통해서 진솔한 사랑과 거침없는 삶을 사는 여성상을 그렸던 이 작품을, 한국에서는 극적인 삶을 살다 간 전혜린이 초역해서 큰 반향을 일으켰다. 심지어 사람들은 원작자인 린저, 번역자인 전혜린, 그리고 작품 속 인물 니나, 이 세 사람이 정신적으로 연결되어 있다고 평하기도 했다.

1954년 린저는 일반인에게도 잘 알려진 〈카르미나 부라나〉를 작곡

한 카를 오르프와 재혼했다. 그러나 이 둘의 결혼 생활은 5년을 넘지 못했다. 오르프와 이혼한 후 린저는 로마 근교 로카디파파로 이주하여 평생을 그곳에서 보냈다. 로마 시절 중 린저의 행보는 단지 작품 활동에만 머무르지 않았다. 1970년대부터 린저는 적극적으로 현실 참여 운동에 가담한다. 군국화 조짐에 반대하고 반핵 평화 운동에 참여하는가 하면 여성의 권리 향상 운동에 뛰어들고, 낙태법 개정을 위해 활동했다. 심지어 1984년에는 녹색당의 대선 후보로 대통령 선거에 출마하기도 했고 사민당의 빌리 브란트Willy Brandt, 1913~1992를 열렬히 지지하기도 했다. 무엇보다도 그녀가 우리에게 친숙한 이유는 한국인과 맺은 특별한 인연 때문이었다.

약소국과 사회주의에 관심이 많았던 린저는 냉전 시대에 북한을 10여 차례 방문하여 김일성을 만났다. 그리고 북한 체제와 김일성 부자를 매우 호의적으로 평가했고 북한 방문 경험을 《또 하나의 조국Nortkoreanisches Reisetagebuch》이란 제목의 책으로 엮어냈다. 이외에도 린저는 동백림 사건에 연루되었던 재독 작곡가 윤이상尹伊桑, 1917~1995과 평생 절친한 관계를 유지했다. 그녀는 윤이상과의 대담집을 《상처 입은 용Der verwundete Drache》이란 제목으로 펴내기도 했다. 린저가 세계 어느 나라보다도 한국에서 더 많은 독자층을 확보한 이유는 아마도 한국에 큰 관심을 기울였기 때문이 아닌가 추측해본다.

앞서 본 바와 같이 카를 라너는 평생 독신 수도하며 사제로서의 길을 걸었다. 반면에 루이제 린저는 결혼과 이혼을 반복했던 두 아이의 어

| | |
1987년 소설가 헤르만 칸트와
대화하는 루이제 린저.
주체적이고 진취적이었던 린저의 모습을 엿볼 수 있다.

머니였다. 단순히 결혼 관계나 남녀 관계로부터 한 인간의 품격을 평가하는 것은 매우 위험하다. 그럼에도 독신과 순결을 지키며 살았던 한 사제와 결혼과 이혼을 반복했던 한 여인의 염문은 사람들의 관음증적 본능을 자극하기에 충분했다. 이런 궁금증을 자아내지 않았겠는가. 그들의 사랑이 과연 정신적 사랑이었을까? 또 그렇다면 정신적 사랑이 가능할까? 가능하다면 그 모습은 어떠했을까? 하지만 라너와 린저의 관계는 이런 궁금증 외에 또 다른 물음을 하나 더 내포하고 있었다.

뼈아픈 수다*

린저가 택시를 타고 이곳으로 오고 있다는 전갈을 받은 라너 신부는 안절부절못했다. 낡은 그의 방은 도저히 손댈 수 없을 만큼 책으로 가득 차 있어 어디에서 그녀와 대화를 나눌지 걱정이 앞섰다. 그러나 무엇보다도 천재적이고 드센 여류 작가를 만나게 된다는 사실에 흥분을 누를 길이 없었다. '과연 그녀는 나를 처음 본 순간, 무슨 질문을 던질까?'

라너는 이미 린저가 편지로 보낸 몇 가지 질문의 대답을 입으로 되뇌고 있었다. 그러면서도 그는 그녀가 또 다른 공격적 질문 공세를 퍼붓지 않을까 살짝 긴장되기도 했다. 택시가 도착할 시간이 가까워왔다. 라너는 그녀를 맞으러 현관으로 나갔다.

미끄러져 들어오는 택시에서 내려 손을 내미는 여인, 라너는 그 여인을 마주하자 이제까지 갖고 있던 모든 상상과 편견이 한순간에 사라졌다. 작고 아담한 키, 깊이 파인 쌍꺼풀, 활짝 웃는 입, 어딜 봐도 그녀는 산전수전을 다 겪은 52세의 아줌마로 보이지 않았다. 오히려 라너 눈에는 동양적인 향기를 풍기는 소녀와도 같았다. 그녀를 본 순간 라너는 일순간에 무장 해제되고 말았다. 긴장감에서 해소된 라너는 린저를 연구실로 안내했다. 책들 사이를 비집고 낡은 나무 의자에 앉은 린저는 책, 책장, 그리고 책상 위에 놓인 원고를 신기한 듯 구경했다.

이리저리 눈을 돌리던 린저에게 라너가 먼저 입을 뗐다. "일전에 보낸 편지에서 당신이 내게 문의했던, 신학의 대상인 인간학과 남성의 차이는……." 단도직입적으로 본론으로 들어가려던 라너를 막아선 것은 린저였다. "라너 신부님, 이 건물의 역사를 말씀해주시겠습니까?" 라너는 순간 당황했다. 그리고 신입생에게나 했던 것처럼 얼떨결에 건물의 역사와 의미를 건조하게 설명하는 자신을 발견했다. 다행스럽게 린저는 라너가 읊고 있는 장황한 설명을 진지하게 들었다. 그러더니 그녀는 "예비 수사와 신학생을 위해 지어진 이 건물 안에 여성 전용 화장실은 있나요?" 라고 물었다. 그제야 라너의 얼굴에는 넓은 미소가 번졌다.

예상은 했지만 린저는 내심 놀랐다. 예순을 바라보는 나이의 이 세계적 신학자는 상상했던 것처럼 단아한 모습으로 그녀를 환영했다. 앞머리는 조금 벗겨졌지만 주름 하나 없는 말끔한 피부, 검은 테 안경 너머 초롱초롱한 눈매, 초로의 나이라고는 믿을 수 없는 날렵한 체구, 낡았지만 깔끔하게 다려진 검은색 사제복을 입고 선 라너는 바늘이라고는 들어갈 틈도 없는 꼬장꼬장한 인상이었다. '저런 빈틈없는 남자가 또 있을까?' 하는 생각으로 린저는 그에게 손을 내밀었다. 그러나 가볍게 그녀의 손바닥 위에 올려진 라너의 손을 잡으며 린저는 마음의 빗장을 조금 풀 수 있었다. 생각보다 그의 손은 무척 따듯했다.

린저는 자신이 수없이 생각했고 확신했던 여성의 종교적 영성에 대하여 라너에게 묻고 싶었다. 그러나 편안한 대화를 위해서는 좀 더 기다려야만 할 것 같았다. 라너와의 자연스러운 대화를 마친 후 그녀는 가톨릭교회에서 가장 영향력 있는 신학자이자 진보적인 인물에게 순결, 피임, 낙태, 여성 서품에 대하여 견해를 물어보았다. 그녀가 예상했던 대로 라너의 대답은 그녀를 실망시키지 않았다. 라너는 "나는 이 문제와 관련하여 그 어떤 권위 있는 교회의 가르침과 성서적 근거를 찾지 못했다"라고 대답했다. 린저의 생각대로 라너는 분명히, 적어도 여성 문제에 관한 한 자신과 극단적인 반대 입장을 갖고 있지 않았다. 그제야 린저는 라너에게 자신이 품고 있었던 수많은 생각의 편린을 쏟아냈다. 라너 역시 활기찬 목소리로 대화에 몰입하는 섯 같았다.

린저는 '순결의 윤리' '남성의 관점에서 구축된 신학' '여성만의 영성' 등 품고 있던 신학적 화두를 열심히 라너에게 던졌다. 그리고 저 위대한 신학자와 흥미진진한 주제들을 넘나들며 한나절 넘게 토론하는 일에 희열을 느꼈다. 린저가 보기에 라너 역시 자신과의 대화를 즐기는 것이 분명했다. 코드가 맞는 신나는 대화는 입을 마르게 했지만 아무리 둘러봐도 라너의 연구실에는 그 흔한 커피도 없었다. 그리고 이미 해는 뉘엿뉘엿 저물어가고 린저의 배 속에선 꼬르륵 소리가 울려 퍼졌다. 갈증과 허기를 느꼈지만 그렇다고 이대로 대화를 멈출 수 없었다.

라너는 그녀가 토해내는 웅변의 주제를 자꾸 놓치고 있었다. 자신의 생각을 거침없이, 그러나 논리적으로나 신학적으로 매우 격조 높은 사고를 정열적으로 전개하는 그녀를 보면서 라너는 내용에 집중할 수가 없었다. 그녀가 실망하지 않도록 습관적으로 고개를 끄덕이고 있었지만 라너는 정열을 토하는 린저의 입 모양, 표정, 제스처, 목소리에 무의식적으로 빠져들고 있음을 깨달았다. 그리고 어느새 그녀가 마른 입술을 혀로 적시는 것을 보았다. 라너는 문득 '그레이 베어The Grey Bear'가 생각났다. 낯선 곳이 늘 불편했던 라너는 가끔 식사를 즐기던 신학교 바로 앞 호텔 바로 린저를 안내했다.

멀리서 자신을 찾아온 이 여인에게 라너는 뭔가 특별하고 맛난 음식을 대접하고 싶었다. 그러나 린저는 음식을 주문하는 데도, 먹는 데도 큰 관심이 없어 보였다. 그녀는 음식보디도 대화에 너 몰입하고 있는 듯했다. 간단한 주류를 곁들인 식탁 위에서도 린저는 입을 쉬지 않았다. 라너는 그저 고개를 끄덕이고 있었다. 그리고 지금 이 식탁에서 자신과 린저, 두 사람의 관심이 서로 배치된다는 것을 깨달았다. 린저는 자신이 들고 온 신학적 문제에 천착하는 반면, 라너 자신은 린저라는 한 인물에게 관심을 기울이고 있었다. 그렇게 어영부영 린저의 이야기를 듣고 있던 라너의 귀에 갑자기 확 꽂히는 말이 들려왔다. 베네딕트 수도회의 수도원장, 사제, 그리고 제2차 바티칸 공의회 참여자인 M. A. 이제 라너는 음식보다 린저의 입에서 나오는 말에 영혼을 담아 집중했다.

린저는 신이 났다. 이제까지 그녀는 자신의 의견을 피력할 때마다 격렬한 비난과 조소에 시달렸다. 특히 자신의 종교인 가톨릭계에서는 더더욱 그러했다. 그런데 오늘 눈앞에 앉아 있는 금세기 최고의 신학자이자 영성가는 자신의 이야기를 묵묵히 들어줄 뿐만 아니라 고개를 끄덕이며 동의까지 해주었다. 라너 신부가 데려간 호텔 바는 딱 자신의 취향이었다. 시간이 된다면 다시 한 번 방문해서 이 집의 요리를 즐겨보고 싶은 생각이 들었다. 그러나 이 신나는 대화를 중단하고 싶지 않았다. 라너 신부가 권하는 와인이나 음식의 맛은 최고였지만 지금은 그 맛을 음미할 여유가 없었다.

여성의 순결? 낙태? 여성성? 그 어떤 견해를 피력해도 라너는 말이 통하는 사제였다. 그리고 자신의 일부 견해를 인정하지는 않았지만 충분히 그 문제를 연구하고 사색할 줄 아는 신학자였다. 이제까지 수많은 사제와 신학자를 만났지만 그들은 린저에게 충고하고 가르치려고만 들었지 단 한 번도 그녀를 진지한 대화나 토론 상대로 대우하지 않았다. 그런데 지금 눈앞의 상대는 자신의 이야기를 진지하게, 그러면서도 반성적으로 경청하고 있었다. 자기 생각을 표현하고 말을 한다는 것이 이렇게 신나는 일인지 린저는 새삼스럽게 절감했다. 이렇게 대화에 신이 난 린저는 자기도 모르게 대화의 경계를 훌쩍 넘어버렸다.

"사실, 난 사랑하는 사람이 있어요! 그도 당신처럼 수도사이고 사제죠. 그와 육체적인 관계가 없다고 해서 이것이 사랑이 아닐까요?" 입에서 나온 말을 주워 담고 싶을 만한 후회는 없었다. 그러나 린저는 자기 사생활이 담긴 질문에 라너 신부가 급격히 관심을 기울이는 모습을 보며 괜한 짓을 했나 싶었다. 이제까지 음식과 와인에 관심을 보였던 라너가 그때부터 자신만큼이나 대화 속으로 빨려들고 있음을 린저는 감지할 수 있었다.

동시에 두 사람을 공평하게 사랑할 수 있을까

린저가 논의하고 싶었던 가장 큰 주제 가운데 하나는 신학의 가부장적 경도에 관해서였다. 사람들은 습관적으로 신학, 즉 학문이란 객관적이고 중립적인 영역이라 믿어 의심치 않는다. 사실 한국의 수학과 미국의 수학이 다르지 않다. 마찬가지로 한국의 신학과 미국의 신학도 다르지 않다. 이 둘은 모두 학문이라는 합리적 이성이 쌓아 올린 건축물이기 때문이다. 그런데 "떡국을 설날 아침에 한 그릇, 점심과 저녁에 두 그릇씩 먹었다면 총 몇 그릇을 먹었을까요?"라는 초등학교 수학 문제를 예로 들어보자. 이 문제를 미국의 수학이라고 볼 수는 없다. 마찬가지로 린저는 이제까지의 신학이 '인간'의 시각과 경험에서 수립된 것이 아니라 '남성'의 시각과 경험에 기초해왔다고 생각했다. 따라서 이제까지의 신학이 철저하게 가부장적으로 경도되었으므로, 반대로 여성의 시각과 경험에 기초한 신학과 영성이 가능한지를 물었던 것이다.

린저의 또 다른 물음 역시 이제까지 습관적으로 믿어왔던 평범한 상식을 흔들었다. 전통적으로 가톨릭은 교회에 가서 성례에 참여하는 것이 성도의 의무이자 성스러움에 참여하는 행위라 믿어왔다. 그런데 린저는 모든 일상적 수준의 삶 속에서 그리스도를 이해하고 성스러움에 참여할 수 있는가를 물었다. 매우 단순하고 소박한 생각 같지만 그 결과는 매우 중대했다. 이러한 견해는 교회의 중요성을 약화시키고 타 종교나 종파에 개방적 태도를 취하는 사고로 발전할 수밖에 없는 도전적인 생각이기 때문이다. 물론 린저의 이런 생각은 라너의 신학에서 영향을 받았으

리라 추측된다.

　라너가 여성 신학에 어떤 태도를 취했는지는 정확히 알 수 없다. 그리고 이 시기엔 아직 여성 신학이 신학계에서 주류로 자리 잡기 전이었다. 다만 라너는 근본적으로 여성을 사제로 서품하는 데 찬성했다. 서품을 받은 여성 수도자가 수녀원 안의 성례를 집례할 수 있다고 발언했다가 거센 비판도 들었다. 게다가 그의 제자들 역시 여성의 서품을 강력하게 주장했다는 점을 보면 라너 역시 린저와 비슷하게 생각했다고 추측해볼 수 있다. 그러나 라너는 일상 신학에 대해서는 확실히 그만의 견해를 갖고 있었다.

인간을 사랑하라

끝없이 연민하라

서로를 아끼고 존중하라

그것이 지구에서 인간들이 진화해가는 방식이니까.

예수가

자기 시대의 표징을 읽었듯이

우리의 신앙 체험은

그리 멀리 않은 곳에서부터 시작되어야 한다.

길을 걸으며……

밥을 먹으며……

운동을 하며……

텔레비전을 보며……

영화를 보며……

쇼핑을 하며,

혹은 철학적 사유 속에서도

언제든지 하느님 체험은 열려 있어야 한다.

한 시대의 역사 안에서

예수가

그의 몸과 마음으로 느꼈던 연대 의식과

그 연민의 정으로

나의 신앙 감각sensus fidei은

그분께로 열려 있어야 한다.

언제든지

나의 열린 신앙 감각을 통해

당신을 전달하시는

그분의 메시지를 읽을 수 있어야 한다. 카를 라너, 〈열린 신앙 감각〉

전통적으로 하느님은 유한한 인간과 구별되는 초월적인 분으로 이해되었다. 그러나 초월적인 하느님이 일상 안으로 스스로 들어와서 유한한 인간에 의해 인식되고 고백된다는 것이 라너의 일상 신학이다. 이로써 우리의 일상적 체험은 그저 일상적 체험으로만 머물지 않는다. 오히려 일상은 신적으로 고양되고 승화되어 있으며 하느님이 자신을 내어줌으로써 하느님을 드러내는 수단이다.

이러한 라너의 생각은 논리적으로 발전한다. 그 결과 첫째, 일상 체험은 신적 체험이 될 수 있고, 따라서 일상 안에서 인간은 실질적으로 하느님을 체험할 수 있다. 둘째, 일상 신학은 반드시 교회에 가서 성스러운 예식에 참여해야만 하느님을 체험할 수 있다고 여기는 교회 중심적 신학에 도전한다. 이 도전은 가톨릭이든 개신교든 가리지 않는 문제다. 마지막으로 일상 속에서 하느님을 체험할 수 있다는 라너의 신학은 인간의 실존 안에 하느님 체험의 가능성이 미리 주어졌다는 것을 전제하기 때문에 종파나 종교의 절대성을 주장하기 어렵다. 이러한 이유로 전통적인 교회나 보수적인 신학에서 라너의 일상 신학을 받아들이기는 어려웠을 것이다.

진보적인 신학자와 개방적인 문학가는 첫 만남부터 대화에 빨려들어갔다. 대화에 고양된 린저는 사생활 문제를 라너에게 고백했다고 한다. 린저는 라너를 만나기 전부터 사랑하던 한 남자가 있었다. 린저의 편지에 단순히 M. A.라고 지칭되었던 이 인물이 정확히 누구인지는 알려지지 않았다. 다만 그가 베네딕트 수도회 소속이었고, 한 수도원의 원장이었다는 사실, 그리고 라너와 함께 제2차 바티칸 공의회에 참여했던 인물이었다는 점은 명백하다. 린저는 라너를 처음 만난 '그레이 베어'에서 이 수도원장과 매우 각별한 연인 관계였음을 고백했다. 그리고 자신과의 만남을 자제하고 둘의 감정을 사랑으로 인정하지 않으려는 베네딕트 수도사에 대하여 라너에게 자문을 구했다. 이 고백 때문에 카를 라너, 루이제 린저, 그리고 수도원장 M. A.는 일생 동안 고통 속에 살았던 듯하다. 린저의 고백에 따르면 이렇다.

나는 마치 곡물 분쇄기 속에서 갈리는 밀과 같았다. 나도, 라너도, 그리고 M. A.도 고통 속에 빠졌다. 이것은 상상도 할 수 없는 상황이었다.

과연 린저는 단지 실수로 이런 고백을 했을까? 그 후에 일어나는 일과 편지의 내용으로 미루어볼 때 일반인으로서는 다소 이해하기 어려운 이 둘의 관계가 오랫동안 지속되었다.

사랑, 상처, 존경[*]

어제 아무도 일어나지 않은 검은 새벽, 라너는 평상복에 몸을 감추고 린저의 집이 있는 로카디파파로 향했다. 그녀는 아직 일어나지 않았다. 자신은 그토록 갈급하고 괴로운데 아직까지 천하태평으로 단잠을 자는 그녀가 야속했다. 그러나 짙은 새벽 불 꺼진 그녀의 방 앞에서 그가 할 수 있는 일이라곤 아무것도 없었다. 그냥 하릴없이 주변을 몇 번 배회하다가 떨어지지 않는 발걸음을 다시 바티칸으로 옮기는 일 외엔. 낮이라고 다르지 않았다. 대낮에 찾은 그녀의 집은 짙은 새벽과 똑같이 잠잠했다. 안에서 움직이는 기척조차 느낄 수 없었다. 혹시 린저가 창틈으로 자신을 보고 있지 않을까, 이웃이 자주 나타나는 자신을 알아보지 않을까 하는 걱정에 오랜 시간 집 앞에 머무는 것조차 할 수 없었다. 오늘도 별 수 없이 라너는 나보나 광장으로 향했다.

바닥에 모이를 쪼아대는 비둘기 틈에서 라너는 아이스크림을 빨고 있는 자신을 발견했다. 허탈하고 갈급한 감정이 요동칠 때면 그는 나보나 광장으로 발걸음을 옮겨 아이스크림을 입에 물곤 물끄러미 사람들을 쳐다보곤 했다. 아이스크림을 먹을 때마다 늘 "좋은 것들이란 개구쟁이

들을 위해서만 있는 게 아니다"라고 가르치신 스승을 생각한다. 스승의 말씀처럼 인생은 누구에게나 즐길 권리를 주었지만 그는 지금 행복하지 않다.

바티칸의 일 때문에 로마에 머무를 때면 라너는 항상 조바심에 몸이 달았다. 그 자신은 일 자체를 도피처로 삼는 것을 혐오하면서 60 평생 가까이 살아왔다. 일에 푹 빠져드는 것은, 자기 자신으로부터, 실존의 신비와 수수께끼로부터, 참다운 평화를 찾지 못한 불안으로부터 도피하는 것이라고 믿어왔다. 그러나 알 수 없는, 아니 오히려 원인이 명확한 조바심이 몰려올 때면 라너는 바티칸의 일에 몰두했다. 그렇게라도 하지 않으면 거칠고 얕은 호흡이 느껴져 답답함을 참을 수 없었다. 인스부르크에 돌아간다고 해서 이 고통스러운 심정이 멈추지는 않았다. 그는 수없이 반복해서 생각하고 또 생각했다. 그리고 책 속에서 해답을 찾기도 했다. 비록 큰 노력의 결과였지만 이제까지 그는 어려운 신학 문제의 해답을 찾고 있었다. 그럼에도 도저히 이해할 수 없는 문제가 이처럼 그를 늘 괴롭혔다. "도대체 어떻게 동시에 두 사람을, 그것도 공평하게 사랑할 수 있을까? 남녀 간에 그것이 가능할까?" 라너는 이 문제의 답을 찾을 수 없었다.

"걸음을 걷는 우리는 자신을 스스로 옮기고 있음을, 아직 도착하지 못한 구도자임을 체험한다." 로마에서 인스부르크로 돌아온 라너는 산책하면서 자신의 부족한 점, 아직 도달하지 못한 구도자로서의 자신을 끊임없이 되돌아보았다. 그럼에도 지금 걸으면서 추구하는 것은 궁극의 것, 본연의 것이 아님을 스스로 너무도 명백하게 잘 알고 있었다. 그렇다고 그의 영혼 속에 린저의 미소 짓는 얼굴이 행복하게 자리 잡은 것도 아니었다. 로마에 있으나 인스부르크에 있으나 머릿속엔 온통 고통만이 가득했다. 라너의 입에선 나지막한 신음이 흘러나왔다. 그는 허둥지둥 다시 연구실 나무 책상을 찾았다. 그리고 계속해서 돌아가는 머리를 식히지 못한 채 린저에게 편지를 쓰기 시작했다. 벌써 오늘에만 네 번째 쓰는 편지였다.

분명히 그는 라너 신부였다. 밤샘 작업을 하고 새벽이 다 되어 침대에 누운 린저는 창밖의 기척에 놀라 커튼 사이로 밖을 내다보았다. 좀도둑이 기승을 부리는 시각, 그 어둠 속에서 그녀는 반짝이는 불빛을 보았다. 한 사람의 안경이 작은 외등에 반사되어 반짝였고 뒤이어 파이프 담배의 아련한 불꽃이 타올랐다. 린저는 순간 그가 라너임을 직감했다. 아는 척을 했다간 죄책감에 시달릴 것만 같았고 모르는 척을 하기엔 너무나 미안했다. 어쩌지 못하고 당황하는 사이 라너는 사라져버렸다. 밤샘 작업으로 린저의 몸은 피곤에 절었지만 머리가 복잡한 소리를 내며 돌아가 그녀는 좀처럼 쉴 수 없었다.

라너가 자기 앞에서 무릎을 꿇고 사랑을 고백하는 순간 그녀는 온몸이 떨려 참을 수가 없었다. 그것은 한 남자의 사랑 고백이라기보다는 차원 높은 숭고한 합일의 순간처럼 느껴졌다. 그러나 곧 현실로 돌아온 그녀는 라너가 자신에게 집착하고 M. A.와의 관계에 편집증적으로 몰입

1974년 인터뷰에 응하는 카를 라너.

하고 있음에 힘들어했다. 로마에서 라너는 수시로 그녀를 찾았다. 그리고 인스부르크로 돌아가서는 연일 편지를 보내왔다. 편지는 항상 그의 고통을 동반하고 있어서 차마 끝까지 편한 마음으로 읽을 수가 없었다. 우체통에서 그의 편지를 발견할 때마다 마음은 점차 더욱 무거워져만 갔다.

　그가 언제까지 이렇게 집요하게 이 문제에 매달릴지 린저는 상상할 수도 없었다. 라너는 자신의 신학 깊이만큼 사랑에도 깊고 진지하게 몰입하는 듯했다. 아무리 그에게 자신은 단지 친구일 뿐이라고, 그보다 M. A.를 더 사랑한다고 말해도 라너는 물러서기는커녕 더 집착했다. 더군다나 린저는 자신이 좌익임을 여러 번 밝혔다. 그때마다 라너는 좌파적 성향을 비난하기보다 진지하게 성찰했다. 심지어 린저가 자신은 무신론에 가까우며 동양 종교에 호감을 느낀다고 해도 라너는 전혀 이상하게 바라보지 않았다. 그렇지만 린저는 라너의 고통을 지켜보기 어려웠다. 왠지 라너의 모습이 《삶의 한가운데》에서 죽을 때까지 18년 동안 어린 소녀 니나를 흠모했던 슈타인과 닮아 보였다.

두려움에 빠진 그녀는 라너에게 여러 번 편지를 보내 말했다. "나는 단지 당신이 상처받을까 두렵습니다. 그리고 무슨 말을 해야 할지 모르겠습니다." 그러나 하루 빨리 그가 평안해지기를 기도하는 방법 외엔 그녀가 그를 위해 할 수 있는 일이 없어 보였다. 시간만이 이 고통을 해결해줄 수 있을까?

일상의 경험 속에서 하느님께 다가간 구도자

난 언젠가 죽어야 한다는 걸 알고 있었고 이 간단한 사실을 외면하지 않습니다. 삶의 이 기본 사실을 나와 상관없는 일인 것처럼 의식에서 몰아내지 않아요. …… 형제 여러분, 조용한 말로 끝냅시다. 시끄럽고 약한 인간의 말 때문에 하느님의 고요하되 힘찬 은총의 말씀이 들리지 않게 해서는 안 됩니다. 그리고 이렇게 말합시다. 주님, 저의 불신을 도와주소서.

라너의 마지막 인터뷰에서

1962년에 시작된 카를 라너와 루이제 린저의 관계는, 그 정체가 무엇이었든지 간에, 1984년 라너의 죽음으로 끝나는 듯했다. 간단하게 정리한다면 라너는 린저를 진정 사랑했고, 린저는 라너보다 또 다른 수도사를 사랑했다. 이런 이유로 세 사람은 고통을 받았으나 아마도 당사자인 라너의 고통이 가장 컸으리라 추측된다. 과연 이 두 사람은 어떤 관계였을까? 궁금하지 않을 수 없다.

두 사람 사이에서 오간 편지의 내용은 대체로 매우 사소했다. 여행의 감흥, 초청 강연에서 나온 반응, 여행 중 갑자기 함께 숙소를 쓰자고 조른 남성 친구에 대한 불평, 자신들이 나누는 사랑의 불변함에 대한 확인, 약간의 영적 경험에 대한 고백, 바티칸 공의회와 교회 정치 등이 거론되었다. 그러나 라너의 편지가 공개되지 않은 이상 두 사람이 나눈 정확한 내용은 알 길이 없다. 삼각관계에서 받는 라너의 심리 상태가 심각한 탓에 린저가 사소한 내용으로 핵심에서 벗어나 그의 무거운 마음을 가볍게 하려 했는지도 모른다. 그럼에도 린저가 라너에게 보낸 사소한 내용 중에 눈여겨볼 대목이 몇 군데 있다.

우선 편지 속에서 두 사람은 서로를 애칭으로 불렀다. 라너는 린저를 '부셸Wuhschel'이라고 불렀는데 이 말은 독일 전통 이야기 속에서 아기 곰을 가리킨다. 그 이미지는 곰돌이 푸와 비슷하다(미국 애니메이션의 캐릭터로 귀여운 아기 곰의 모습을 하고 있다). 분명 귀엽고 사랑스러운 이미지다. 반면 린저는 처음엔 라너를 '존경하는 라너 신부님Verehrter Pater Rahner'이라고 호칭하다가 곧 '사랑하는 물고기Lieber Fisch'라고 불렀는데 이는 기독교의 상징이자 라너의 별자리였다. 편지에서의 호칭이나 어투를 볼 때 결코 평범한 사이라고는 볼 수 없다.

두 사람의 가까운 관계를 직접적으로 추측해볼 만한 대목도 있다.

1962년 7월에 린저는 라너가 보낸 편지들을 날짜별로 정리하고 있다고 암시했다. 그녀는 "이 중에 우표가 붙어 있는 53개의 편지는 얼마나 영광스러운지 몰라요. 이 편지는 사람이 사람에게, 남성이 여성에게, 인간이 하느님에게, 하느님이 인간에게 보내는 편지입니다"라고 적었다. 그러나 아마도 두 사람의 관계를 직접적으로 보여주는 것은 같은 해 8월에 린저가 라너에게 보낸 편지일 것이다.

진정 사랑하는 나의 물고기, 나는 당신이 내 앞에서 무릎을 꿇었을 때 얼마나 흔들렸는지 표현조차 할 수 없습니다. 당신은 당신이 경험했고, 내가 감히 표현할 수 없었던 존경과 떨림과 경이와 고양 속에서 무릎을 꿇었던, 바로 그 사랑 그 자체 앞에서도 무릎을 꿇었지요. 우리 둘 다 생각했던 것보다 훨씬 더 강렬한 그 무엇으로부터 내면 깊숙이 큰 울림을 받았습니다.

1964년 2월 한 편지에서 린저는 "당신이 어제 보낸 편지는 내가 일생 그 누구에게서 받은 것보다도 가장 아름다운 사랑의 편지였습니다"라고 언급했다. 아마도 라너는 린저에게 사랑을 고백하는 편지를 여러 차례 보냈다고 추측된다. 그러나 두 사람 간의 핑크빛 분위기도 제3의 인물인 M. A.가 등장하는 대목에서 완전히 우울한 잿빛으로 바뀌고 만다.

위대한 신학자, 사제, 수도사였던 라너는 린저와의 평범하지 않은 관계에서 병적 심리 상태를 보여주었다. 라너는 엄청난 질투로 스스로 큰 고통 속에 빠졌던 듯하다. 이 문제에서 라너는 격렬히 분노했고 린저를 꾸짖기도 했다. 그리고 항상 자신의 적대자에게 열등감을 느꼈다. 린저의 사랑이 자신보다 경쟁자에게 더 집중된다는 사실을 명확히 알았던 라너는 평생 이 질투와 분노의 감정을 떨쳐버리지 못했다. 우리 같은 관객은 린저의 태도가 무척 궁금할 수밖에 없다.

초기에 린저는 두 사람이 자신에게 동일한 존재라고 라너에게 고백했다. 그녀는 라너와 M. A.를 모두 갖고 있다고 하면서 두 사람 다 자기 인생의 한 조각들이라고 말했다. 그러나 그녀의 행동은 말과 달랐다. 제2차 바티칸 공의회 중 린저는 M. A.가 집전하는 미사에 열심히 참석했다. 물론 그 당시 라너도 바티칸에 있었음은 불문가지다. 선택에서 밀려난 라너는 앞서 서술했듯이 린저 주변을 맴돌면서 그녀의 태도를 계속 꾸짖고, 애걸하고, 매달렸다. 이에 린저는 계속해서 라너를 달래는 듯이 보인다. 1964년 11월 한 편지에서 그녀는 라너에게 다음과 같이 말한다.

내가 당신에게 그렇게 가까이 있는데 어찌 당신은 그렇게 절망적일 수 있나요? …… 당신이 십자가에 못 박혀 있는데, 내가 그 못을 뽑으려고 해도 당신은 그 못이 자신을 더 상하게 하려고 그것을 거절하고 있네요.

결국 린저는 자기가 M. A.를 더 사랑한다고 라너에게 털어놔야만 했다. 1965년 2월의 편지에서 린저는 이렇게 선언한다. "내 진심은 이렇습니다. 나는 내 온 존재를 다하여 M. A.를 사랑합니다. 그리고 영원토록 오직 그만 사랑합니다. 나는 당신에겐 단지 친구일 뿐입니다. 도대체

| | |
인스부르크의 '카를 라너 광장'에 있는
루체른 예수교회.

왜 이러는지, 오직 시간만이 해결해줄 것입니다." 그러면서도 그녀는 헤어지자는 라너의 제안에 "우리는 영원히 하나가 될 것입니다"라고 쓰며 받아들이지 않았다. 라너에겐 슬픈 사실이지만 M. A.는 라너의 존재를 인식하고 분노했지만 자신의 연적이 될 정도의 인물이라고는 결코 생각하지 않았다고 한다. 실제로 시간은 세 사람의 관계를 정리해주었다. 그 것은 라너의 죽음이었다. 린저와 M. A.는 라너가 먼저 세상을 떠난 후에도 친밀한 관계를 계속 유지했던 것이다.

라너의 죽음으로 끝나는 듯했던 두 사람의 사랑은 다시 수면 위로 떠올랐다. 속사정이야 어떻든 린저가 라너에게 보낸 자신의 편지 모음인 《그라트반더룽》을 출간하자 린저에겐 야만적인 비난이 쏟아졌다. 두 사람의 관계를 비웃는 정도는 애교에 속했다. 어떤 이들은 린저가 순진한

종교인의 연애 | | |

한 사제를 평생 농락하고 이용했다고 비난했다. 한 비평가는 이 책을 공공연한 마약이라고 성토했고 또 다른 비평가는 린저가 수많은 남자와 관계를 맺었다고 힐난하면서 이 편지들은 사회의 성적 방종을 불러일으킨다고 매도했다.

두 사람의 사랑 이야기를 접기 전에 꼭 해결해야만 하는 궁금증이 있다. 과연 카를 라너와 루이제 린저는 육체관계가 없는 사랑을 했을까? 또 M. A.와 린저의 관계도 궁금하다. 거창한 의문이지만 답은 매우 간단하다. 린저는 그녀와 두 사제와의 사랑이 정신적이었을 뿐이라고 말했다. 사실 린저는 성에 대하여 매우 개방적으로 사고했다. 그리고 육체적 순결의 신학을 과대망상증이나 중독증으로 치부하기도 했다. 또한 신부의 독신 생활이 독점적 신분을 유지하기 위한 권력의 장치라는 사실도 알고 있었다. 사실 지금도 성스러움에 참여하고, 이타적 사랑에 전념하고자 성생활과 결혼을 포기한다는 사람들은 일반인과 다른 존재로 여겨지며 존경을 받는다.

그녀에게 진정한 순결이란 단순한 성생활의 포기가 아니라 영육이 합일된 전체로서 좀 더 높은 이념에 헌신하는 마음 상태를 뜻했다. 그리고 진정한 사랑은 희생을 통해 상대방과 한 몸이 될 줄 아는 힘을 준다고 믿었다. 그럼에도 그녀는 라너가 자신이 생각했던 몸과 마음의 순결을 지켰고 한 사람을 사랑함으로써 희생을 실천한 영적 지도자라고 평가했다. 《그라트반더룽》 서문에서 린저는 다음과 같이 언급했다.

예수회는 그들의 영적 지도자 가운데 훌륭한 인간이었고, 독신 수도를 지켰던 한 위대한 신학자에 대하여 큰 자부심을 느껴야만 한다. 그는 한 여성과의 사랑을 두려워하지 않았고 그 사랑 때문에 받은 깊은 고통을 겁내지 않았다. 그런데 왜 이런 위대한 이야기가 비밀이 되어야만 하는가?

보통 사람들은 섹스 없는 사랑의 가능성을 확신하기 어렵다. 한 술 더 떠서 루이제 린저, 카를 라너, 그리고 M. A.의 섹스 없는 삼각관계는 더욱 이해하지 못한다. 다만 한 가지 꼭 짚고 넘어갈 문제는 라너가 린저에게 보낸 비공개 편지 내용이 단지 사랑 이야기로만 채워지지 않았다는 점이다. 혹자는 예수회에서 이 편지의 공개를 꺼리는 이유가, 한 위대한 신학자이자 수도자의 신화를 지키기 위해서가 아니라고 보았다. 오히려 라너의 반대파인 보수주의자가 이 서신으로 그를 더욱 파괴할지 모를 위험성 때문이라고 주장하기도 한다. 여하튼 라너의 비공개 편지는 한 사제의 사랑, 고뇌, 기도, 신학 등을 가득 담은 영적 보고임은 분명해 보인다. 비록 이 신학자가 위에 언급한 자신의 말처럼 일생을 호수의 고요함과 같은 영혼으로 살 수는 없었지만, 그가 주장하던 일상의 경험을 통해서 하느님께 가까이 갔던 한 구도자였음은 부인할 수 없다.

하느님, 알기만 한다는 것은 아무것도 아닙니다. 알면서 사랑하는 경험을 통해서라야 마음이 사물들의 마음에 가 닿습니다. 생각해낸 것이 아니라 살아나가고 고통을 겪어나가는 것이 정신과 마음을 채워야 합니다.

참고 자료

위의 글은 다음의 자료를 근거로 서술했다.
본문의 인용 역시 창작이 아닌 자료에서 직접 인용했음을 밝힌다.

- 마이놀트 크라우스, 《카를 라너, 그는 누구였나, 마지막 텔레비전 인터뷰, 대담》, 정한교 옮김, 분도, 1991.
- 심상태, 《익명의 그리스도인-라너 학설의 비판적 연구》, 성바오로출판사, 1985.
- 이찬수, 《인간은 신의 암호: 칼 라너의 신학과 다원적 종교의 세계》, 분도, 1999.
- 루이제 린저, 《삶의 한가운데》, 박찬일 옮김, 민음사, 1999.
- 루이제 린저, 《잔잔한 가슴에 파문이 일 때》, 홍경호 옮김, 범우사, 1975.
- 루이제 린저, 《당신의 순결에 대하여》, 김명수 편역, 현재, 2002.
- 카를 라너, 《일상: 신학단상》, 분도, 2012.
- 카를 라너, *Interview*, 베네딕도 미디어, DVD 자료.
- Pamela Kirk, *Reflections On Luise Rinser's Gratwanderung*, Philosophy & Today, 1996.
- Luise Rinser, *Gratwanderung*, Kösel, 1994.
- http://eyck.or.kr/zboard/zboard.php?id=bbs&page=82&sn1=&divpage=1&sn=off&ss=on&sc=on&select_arrange=hit&desc=desc&no=1056

소설 부분의 역사적 사실

- 로카디파파에서 린저가 먼저 라너에게 편지를 보낸 사실
- 린저가 라너를 방문했을 때 이야기가 길어지자 '그레이 베어The Grey Bear'라는 호텔 바에 가서 대화한 사실
- 라너의 방이 책으로 가득 차 있어서 손님이 들어가기 어려웠던 사실
- 키, 몸무게 등 라너와 린저의 외모
- 두 사람의 신학적 대화 주제
- 라너가 린저의 로마 집 근처에서 배회했던 사실(이른 새벽에도 들렀다)
- 라너가 나보나 광장의 젤라토 집을 좋아해서 가끔 아이스크림을 즐긴 사실

"난 언제나 이처럼 해가 질 때면 그댈 생각하지요.
이 시간에는 그날 하루 있었던 잡다한 일들을 다 접어놓고
내 마음은 우리가 아는 그 사랑,
그 내면의 오솔길을 따르지요."

종교인의
연애

프란체스코 & 클라라

무소유함으로

전부를

소유한 사랑

오강남

캐나다 리자이나 대학교 비교종교학 명예교수. 현재 지식협동조합 '경계너머 아하!'의 이사장을 맡고 있다. 서울대학교 종교학과 및 동 대학원을 졸업하고, 캐나다 맥매스터 대학교에서 종교학으로 박사 학위를 받았다. 그동안 북미 여러 대학과 서울대학교 등에서 객원교수, 북미한인종교학회회장, 미국종교학 회(AAR) 한국종교분과 공동의장 등을 역임했다. 저서로는 《도덕경》《장자》《예수는 없다》《세계 종교 둘러 보기》《불교, 이웃종교로 읽다》《종교란 무엇인가》《종교너머, 아하!》《오강남의 그리스도교 이야기》《아 하!》 등이 있으며, 그 외 다수의 역서가 있다.

성 프란체스코^{Sanctus Franciscus Assisiensis, 1182?~1226}와 성 클라라^{Sancta Clara}

성 프란체스코$^{Sanctus\ Franciscus\ Assisiensis,\ 1182?\sim1226}$와 성 클라라$^{Sancta\ Clara}$
Assisiensis, 1194~1253는 기독교 역사상 가장 사랑받는 성인들이다. 그리고 둘
사이의 사랑 이야기도 언제나 많은 사람들의 관심을 받고 있다. 두 사람
의 관계을 보여주는 설화가 있다.

한겨울에 가득 핀 장미꽃

어느 겨울 날, 해가 서쪽으로 기울 무렵 프란체스코와 클라라는 스
펠로라는 곳에서 자신들의 거처인 아시시^{Assisi}로 향하고 있었다. 가는 도
중 빵과 물을 조금 구하려고 식당에 들렀다. 안으로 들어서는 이들을 보
고 그곳에 있던 사람들이 수군거렸다. 이렇게 늦은 시간에 두 남녀가 함
께 길을 가는 것이 수상하다는 투였다. 식당에서 나와 눈 덮인 길을 조금
걷다가 황혼이 드리우자 프란체스코가 길을 멈추고 클라라에게 말했다.

"자매여, 저 사람들이 무어라고 수군거렸는지 알아들었나요?"

클라라는 차마 대답하지 못했다. 그저 가슴이 답답하고 눈물이 나올 것만 같았다. 프란체스코가 계속 말을 이었다.

"이제 우리가 헤어질 때가 되었네요. 자매는 어둡기 전에 수녀원에 도착하겠지요. 나는 하느님이 나를 어디로 인도하시든 그 길을 따라 혼자 가겠소."

클라라는 길 한가운데서 무릎을 꿇고 잠시 기도한 다음 고개를 숙인 채 황망히 걸음을 재촉했다. 얼마를 가다가 숲길에 접어들 즈음 정신을 가다듬고 다시 생각해보았다. 인사도 없이, 그리고 아무런 위로의 말도 나누지 못한 채 이렇게 그냥 헤어질 수는 없었다. 좀 기다리고 있자니 프란체스코가 다가왔다. 클라라는 그에게 물었다.

"신부님, 우리가 언제 다시 만날 수 있을까요?"

프란체스코는 대답했다.

"다시 여름이 되고 장미가 필 때."

바로 그 순간이었다. 주위에 있던 로뎀나무 숲과 눈이 쌓인 울타리가 온통 붉은 장미로 뒤덮이는 것이 아닌가. 클라라는 장미 한 다발을 만들어 프란체스코에게 건넸다. 둘은 더 이상 헤어지지 않았다.

이 이야기가 사실인지 아닌지 묻는 것은 부질없는 일이다. 사랑이, 혹은 간절함이 불러오는 기적이 어디 이뿐이랴.

프란체스코의 초기 삶

성 프란체스코는 1182년 아시시에서 태어났다. 아시시는 이탈리아 반도 한가운데 있는 내륙 지방으로 움브리아Umbria 계곡 위 언덕배기에 세워진 해발 424미터의 도시였다. 그 뒤에는 해발 1,290미터인 돔 모양의 산이 있었다. 현재 인구는 2만 7,000명가량이지만 12~13세기에는 물론 이보다 훨씬 적었을 것이다. 단테는 그의 유명한 사품 《신곡》에서 아시시를 해가 뜨는 곳이라는 뜻으로 오리엔트Orient라고 불렀는데, 뜨는 해가 바로 프란체스코였다고 보았다.

프란체스코의 본명은 지오반니 베르나르도네Giovanni Bernardone였으나 '어린 프랑스인'이라는 뜻의 '프란체스코'라는 별명으로 더 잘 알려졌다. 어릴 때부터 당시 유럽 젊은이의 마음을 사로잡았던 프랑스 음유 시인들의 시를 좋아했고, 포목상으로 자수성가한 부자 아버지의 재력 덕분에 화려한 프랑스식 옷을 입고 다녀서 그의 친구들이 붙여준 별명이었다. 미국 샌프란시스코San Francisco도, 현 교황 프란체스코도 이 성인의 별명을 따서 지은 것이다. 일설에 의하면 그의 아버지가 사업 관계로 프랑스에 자주 드나들었는데, 그가 프랑스에 가 있는 동안 아기가 태어나서 프란체스코라 지었다고도 한다.

프란체스코는 상인으로 살기보다 사회적으로 더 존경받는 신분인 기사騎士가 되고 싶었다. 그래서 이웃 도시 페루지아 원정에 참가했다가 1년간 포로로 감옥에서 지냈다. 부유한 아버지의 보석금으로 풀려나온 뒤에도 그는 뜻을 굽히지 않고 나폴리 침공에 가담했다. 전투에서 부상

프란체스코가 어릴 때 살았던 집.

을 입고 집으로 돌아와 회복을 기다리는 동안 그는 내면의 소리를 들었다. 자기가 할 일은 싸움터에서 사람을 죽이는 기사가 아니라 가난하고 병든 사람들을 도와주는 그리스도의 기사가 되는 것이라는 소리였다. 그러나 그는 그 소리를 애써 외면했다.

그러던 어느 날 아시시 외곽의 언덕 아래 다 허물어져가는 성 다미아노San Damiano 성당에서 기도를 하던 중, 예수의 십자가 상으로부터 친히 "프란체스코야, 허물어져가는 나의 집을 보수하라"는 소리를 듣게 되었다. 이 말을 들은 프란체스코는 그 성당 건물을 보수하라는 소리로 알고, 그렇게 하기로 마음먹었다.

그는 보수 공사비를 충당하기 위해 타고 다니던 말을 팔았고, 아버지의 가게에서 포목도 몰래 내다팔았다. 이를 알게 된 아버지가 대로하면서 부자간의 연을 끊고 유산도 물려주지 않겠다고 했다. 프란체스코는

종교인의 연애

재판에서 아버지의 돈을 되돌려주라는 판결을 받았다. 그는 돈 뭉치를 건네고 사람들이 보는 앞에서 화려한 옷을 벗어 던지면서, 자신에게 돌아올 유산 등 모든 권리를 포기하고 "지금부터 나는 하늘 아버지께 돌아가 그분을 나의 아버지로 삼겠다. '청빈 양▩'과 결혼하여 고행자의 길을 가겠다"고 선언했다. 평생을 무소유의 삶을 살겠다는 뜻이다. 이를 지켜보던 사람들 중에는 클라라와 그 어머니도 있었다.

이렇게 그리스도교에 출가한 프란체스코는 어느 날 아시시를 떠나 길을 가다가 노상강도를 만났다. 프란체스코는 자기가 위대한 왕의 전령이라고 했다. 강도들은 그를 미친 바보로 여기고 눈구덩이에 던져버렸다. 프란체스코는 거기서도 하느님을 찬양하는 노래를 불렀다. 몇 달 동안 베네딕트 수도회 주방에서 일했고 나중에는 구비오Gubbio에 있는 나병 환자 요양소에서도 일했다.

1206년 여름 다시 아시시로 돌아온 프란체스코는 성 다미아노 성당을 보수하기로 결심했다. 그는 용감하게 구걸 행각을 시작했다. 밥도 구걸하고 심지어 거지가 먹다 버린 음식도 주워서 먹었다. 그러면서 서서히 가난한 사람들을 이해하고 그들과 하나라는 생각을 품게 되었다. 다시 아시시를 떠나 로마에 있는 사도들의 무덤을 참배하기 위한 순례를 시작했고, 성 베드로의 무덤에서는 그의 평복을 벗고 거지의 옷으로 갈아입었다.

프란체스코는 성 다미아노 성당을 보수하면서 큰 소리로 노래를 불렀다. 자기 어머니가 부르던 노래를 기억한 것이다. 힘들여 일을 하는데 노래가 저절로 나왔다. 농부들이 지나가다가 노래하며 일하는 프란체스코를 의심스러운 눈으로 보기도 했지만, 한편으로는 힘차게 일하는 젊은 이의 기개를 가상하게 여기기도 했다. 프란체스코는 이 농부들에게 자기가 보수하고 있는 이 성당이 앞으로 젊은 귀부인들이 와서 기거할 거룩한 곳이라 말해주었다. 말이 씨가 되었는지, 멀리 보는 예시가 있었는지, 성 다미아노 성당은 나중에 정말로 아시시 귀족 가문의 딸 클라라와 젊은 여인들이 사는 거처가 되었다.

프란체스코는 성 다미아노 성당을 수리하고 이어서 성 베드로 성당, 성 마리아 델리 안젤리Santa Maria degli Angeli(천사의 성 마리아) 성당, 그리고 그 부속 건물 포르치운쿨라 채플을 수리했다(미국의 도시 '로스앤젤레스'라는 이름은 프란체스코회 소속 수도사가 가서 개척한 곳이다. 이런 연유로 성 마리아 델리 안젤리의 마지막 낱말 '천사들Angeli'이라는 의미의 스페인어를 따서 로스앤젤레스Los Angeles라고 지었다고 한다). 이 성당과 채플은 프란체스코가 수도원 운동을 시작한 곳이다. 그는 성 프란체스코 수도회 소속 수도원들 중 이곳을 가장 거룩하게 여겼고 그가 죽음을 맞이한 장소이기도 했다. 이 성당은 아시시 언덕배기의 아래쪽 계곡에 자리하고 있었다. 본래 베네딕트 수도회 소속 수도원이었지만 숲 속에 거의 방치된 상태였는데, 프란체스코가 수리해서 사용하겠다고 하자 그곳 수도사들이 흔쾌히 허락해 프란체스코 수도원이 된 것이다.

하루는 프란체스코가 미사를 드리던 중 복음서에서 예수님이 열두 제자들을 전도하도록 내보내며 "너희 전대에 금이나 은이나 동을 가지

| | |

프란체스코가
생전에 입었던 수도복.

지 말고 여행을 위하여 배낭이나 두 벌 옷이나 신이나 지팡이를 가지지 말라. 이는 일꾼이 자기의 먹을 것 받는 것이 마땅함이라"(마태복음 10장 9~10절, 개역개정)라고 한 말을 들었다. 그는 이것이 바로 자기가 찾던 것이라 기뻐하면서 당장 그렇게 실천하기로 결심했다. 프란체스코는 지팡이, 신발, 가죽 허리띠를 버리고, 맨발에다 끈으로 묶은 두루마기를 입었다. 이제 은둔자의 복식에서 사도들처럼 전도하는 사람의 스타일로 바뀐 것이다. 이런 철저한 무소유, 이것이 바로 그가 시작한 수도원 운동의 기본 지침이 되었다.

프란체스코와 같이 놀던 옛 친구 몇 명도 그의 뜻에 동조했다. 처음에는 사람들이 이들을 '신의 광대'라 불렀다. 이들은 자신들의 이름에 걸맞게 사물을 광대처럼 다른 관점에서 보면 삶이 지금보다 더 즐겁다는 사실을 알리려고 했다. 모든 사람이 물질적 풍요와 세속적 권리를 추구하는 데 시간을 낭비하고 있지만, 청빈과 무욕의 삶에서 참된 풍요와 자유를 누릴 수 있음을 보여주려 한 것이다.

사람들이 그를 보고 광대나 바보라고 놀릴 때, 프란체스코는 이왕이면 하느님을 위해 참된 바보가 되어야겠다고 결심했다. 그러고는 예수님의 삶을 본받아 거지와 나병 환자 들을 돌보기 시작했다. 부자나 추종자 들이 자기를 후원하겠다고 제안해도 이를 거절하고 나병 환자 보호소 옆 오두막 같은 곳에서 청빈의 삶을 살았다.

출가하고 3년이 지난 1209년, 프란체스코는 열한 명의 동조자를 데리고 수도회 창설 승인을 받기 위해 교황 인노첸티우스 3세$^{Innocentius\ III.}$ $^{1161~1216}$를 알현하러 갔다. 자기들을 '이단'이라고 하는 사람들의 무고를 잠재우기 위해서는 교황의 승인을 얻을 수밖에 없다고 생각했기 때문이다. 처음에 남루한 행색을 하고 나타난 이들을 보고 교황은 청원을 거절했다. 그러나 그날 밤 교황은 꿈에서 어느 촌사람이 교회를 떠받들고 있는 모습을 보았는데, 그 사람이 남루한 갈색 수도복을 걸치고 헝겊으로 만든 끈으로 허리를 질끈 동여맨 채 나타났던 프란체스코의 모습과 닮았다고 생각했다.

교황은 프란체스코에게 앞으로 교회를 위해 큰일을 하게 되리라고 말하며, 순회 강론 수도회 창설을 허가했다. 그로부터 2년 후 프란체스코 수도회의 상징이 된 거친 갈색 수도복을 입은 수도사의 수가 2,000명이 넘었고 10년 후에는 1만 명으로 늘었다. 서울 정동 작은형제회(프란체스코회)에 가면 이런 수도사들을 볼 수 있다.

보통 사람을 왕처럼 대한 성자

프란체스코는 무소유의 삶을 살며 청빈을 강조하고 스스로 실천했지만 결코 '음울한 금욕주의자'는 아니었다. 그도 행복을 추구했다. 단 그 행복을 찾을 때 보통 삶과 다른 방법을 썼을 뿐이다. 보통 사람은 사물을 얻는 데서 즐거움을 얻으려 했지만, 프란체스코는 아무것도 소유하지 않기로 결심하는 순간 자유로워져서 정말로 중요한 것을 볼 수 있다고 믿었다. "아무것도 기대하지 않는 자는 복이 있나니, 그는 모든 것을 다 즐길 수 있을 것이라" 하는 식이었다.

프란체스코는 한때 이교도를 개종시키겠다고 예루살렘을 향해 길을 떠난 적이 있다. 그 여행 도중 이슬람교도에게 사로잡혀 술탄 앞에까지 끌려갔다. 첩자임에 틀림없으니 당장 사형에 처하라는 명령이 떨어졌지만, 프란체스코는 그에게 사랑과 평화를 외치면서 그리스도교로 개종하기를 권했다. 술탄은 개종하지는 않았지만 사랑과 평화를 외치는 프란체스코의 인품과 진정성에 감동받아 후한 선물을 주겠다고 했다. 물론 무소유의 삶을 살기로 한 그는 선물을 정중하게 거절했다. 프란체스코가 처형당하지 않고 대접까지 받으며 무사히 석방된 까닭은 그가 매우 사랑스럽고 매력적인 인물로 비쳤기 때문이다.

프란체스코 평전을 쓴 체스터튼Gilbert Keith Chesterton, 1874~1936은, 그의 특징이 '교황에서부터 거지에 이르기까지, 자기 궁전에 좌정한 시리아의 술탄에서부터 숲에서 기어 나온 누더기 강도에 이르기까지, 그의 불타는 듯한 갈색 눈을 들여다보기만 하면 그가 정말로 세상에서 자기에게만 관

심을 가지고 있구나 하는 확신을 갖도록 만드는 힘'이라고 했다. 계급과 명예가 중시되던 중세 시대에 사람들을 내 편 네 편으로 가르거나 가치 있다 없다로 차별하는 일이 없이 "보통 사람들을 모두 왕처럼 취급했다 (톰 버틀러 보던, 2009, 325~343쪽)".

프란체스코는 사실 사람만이 아니라 자연도 사랑했다. 막연한 자연이 아니라 '개별적인' 꽃 혹은 동물이 그 대상이었다. 그렇기 때문에 그는 마치 친동생을 대하듯 당나귀와 대화를 나눴고, 여동생에게 말하듯 참새에게 이야기를 건넬 수도 있었다. 그가 행한 기적 중에는 새소리로 교향곡을 연주했다든가 이리를 길들였다는 것 등이 있다.

그 사랑의 대상 또는 범위는 사람이나 동식물을 넘어서기도 했다. 말년에 눈이 멀 지경에 이르자 자원해서 자기 눈을 뜨거운 송곳으로 지지게 했는데, '불 형제'를 초청하여 그 일을 하게 했다. 달 자매, 해 형제, 물 자매 등을 노래했고, 그의 노래는 아직도 이탈리아 어린이들이 즐겨 부른다. 말하자면 그는 자연계와의 완전한 동질성을 느꼈던 셈이다. 화엄 불교에서 말하는 사사무애事事無礙(세상의 모든 일 사이에 걸림이 없다)라고 할까. 아무튼 이런 사실들을 인정받아 그는 1939년 이탈리아의 수호 성인으로 선포되었고, 나아가 1979년 교황 요한 바오로 2세Joannes Paulus II. 1920~2005에 의해 생태학자의 수호성인으로도 선포되었다(오강남, 2011, 171~178쪽).

세상을 밝힐 종교적 동반자, 클라라

프란체스코의 갸륵한 뜻과 정열에 감동받아 그에게로 온 많은 사람 중에는 아시시 한동네에서 살던 클라라라는 소녀도 있었다. 클라라는 1194년 그 도시에서 가장 높고 부유한 귀족 가문의 장녀로 태어났다. 아버지는 기사 겸 백작이었고 어머니는 신앙심이 깊어 로마, 산티아고 등 여러 성지로 순례를 감행한 열성적인 부인이었다. 클라라의 어머니는 클라라를 임신하고 안전한 출산을 위해 십자가 앞에서 기도하는 중 환상을 보았는데, 자신이 낳을 아기가 세상을 밝힐 빛이 되리라는 소리를 들었다. 그래서 딸을 낳았을 때 이름을 '빛나다'는 뜻의 클라라Clara로 지었다. 영어로는 클래어Clare. Clair라고 발음하는데 미국, 캐나다, 영국, 아일랜드, 호주 등에는 클래어, 세인트 클래어Saint Clair 혹은 산타 클라라Santa Clara라는 이름의 강, 도시, 호수, 산, 학교 등이 수없이 많다. 클라라에게는 밑으로 여동생만 셋이 있었다.

클라라는 어려서부터 심성이 고와 자기가 먹을 음식이나 받은 용돈을 가난한 사람들에게 갖다 주기 일쑤였다. 또 영적인 데 관심이 많아 기도에도 열심이었다. 어느 수도자가 조약돌 300개를 가지고 세면서 하루에 300번 기도했다는 이야기를 듣고 자기도 조약돌 300개로 주기도문을 외웠다. 라틴어 등 어학에 재질을 발휘하고 음악과 글쓰기도 좋아했으며 바느질과 베 짜기도 잘했다. 특히 사막의 옛 교부들의 글과 전기를 즐겨 읽었다. 물론 그때 유럽 젊은이에게 유행하던 음유 시인과 기사들의 전기도 좋아했다.

클라라는 재색을 겸비한 매력적인 여성으로 자라났다. 열여섯 살쯤 집안의 전통에 따라 결혼할 나이가 되었다고 판단한 부모가 세도가 집안 출신의 신랑감을 소개했다. 하지만 클라라는 신랑 후보를 만나 청혼에 귀 기울이는 대신 그에게 세상을 멀리하는 것이 더욱 유익하다는 설교로 그 청혼을 거절했다. 그래도 부모가 계속 결혼을 강요하자 클라라는 순결을 지키며 무소유의 삶을 살겠다고 선언했다. 그때 이미 클라라는 금식과 기도와 선행의 삶을 살고 옷 밑에 거친 속옷을 입는 등 실질적으로 수도자와 같은 삶을 살고 있었다.

이 무렵 프란체스코는 로마 교황으로부터 작은형제수도회 승인과 강론해도 좋다는 허락을 받고 고향 인근에서 강론을 하고 있었다. 프란체스코와 클라라는 한동네에 살아서 이런저런 인연으로 서로 알고 지내던 처지였다. 프란체스코는 특히 클라라의 경건함과 영적 열의를 소문으로 듣고, 개인적으로 클라라를 자주 만나 서로의 종교적 신념에 대해 이야기를 나누었다. 이렇게 다른 사람들의 이목을 피해서 만날 때 클라라는 나중에 그녀와 함께 수녀가 된 친구를 데려갔다고 한다. 한편 프란체스코가 일반 대중을 위해서는 성 조르지오 성당이나 성 루피노 대성당에서 강론하며 그리스도의 고난, 그를 본받는 무소유의 삶, 가난한 사람들을 위한 헌신의 중요성을 설파했다. 그의 가르침을 수정처럼 맑게 보여주는 것으로 유명한 '프란체스코의 기도문'이 있다. 이 기도문은 프란체스코가 아시시 사람들뿐 아니라 실로 온 인류에게 준 영적 선물이라 할 수 있다.

프란체스코의 기도

주님,

저를 당신의 평화의 도구로 삼아주시옵소서.

미움이 있는 곳에 사랑을 뿌리게 하시고,

상함이 있는 곳에 용서를,

의심이 있는 곳에 믿음을,

어둠이 있는 곳에 빛을,

그리고 슬픔이 있는 곳에 기쁨을.

거룩하신 주님,

제가 위로받기보다는 위로하게 하시고,

이해되기보다는 이해하게 하시고,

사랑받기보다는 사랑하게 하소서.

우리가 줌으로 받게 되고,

용서함으로 용서받고,

우리 스스로에게 죽음으로

영원한 삶으로 태어나기 때문입니다.

그리스도, 가난한 사람, 그리고 서로를 위해

클라라는 이미 여러 번의 마주침으로 프란체스코가 가진 인간적 매력을 감지하고 있었지만, 이렇게 진정성을 다해 펼치는 프란체스코의 강론은 클라라에게 또 다른 차원의 감동으로 다가왔다.

광야에서 수도하다 온 듯 거친 수도복에 허리에는 새끼줄 띠를 매고 맨발로 서서 하나님의 사랑에 도취되어 설교하는 젊은 시인의 불타는 듯한 즉흥 설교에 그녀는 당장 하나님의 계시를 받는 듯 황홀했다. 그의 설교는 자기의 비밀스러운 비애와 우수를 꿰뚫어 보고 자기에게 직접 말하는 듯 크게 감명을 받았다(엄두섭, 1985, 206쪽).

| | |
성 클라라. 부귀한 귀족 가문의 자제로 태어났으나
프란체스코의 강론에 감화를 받아 출가를 결심했다.

나이 어린 이 여성의 가슴에는 프란체스코가 결행한 길을 자기도 따르겠다는 마음이 불처럼 번져갔다. 그 길이란 바로 프란체스코가 몸소 보여주듯, 세상에 대한 집착을 버리고 그리스도의 십자가를 바라보며 자발적 무소유의 삶을 살고, 가난하고 병든 자들을 도와주고 하느님을 깊이 사랑하는 것이었다. 이처럼 프란체스코가 걸어가는 길을 자기도 걸어가는 것이 보람 있는 삶이요 하느님이 바라시는 삶이라는 확신을 갖게 되었다. 클라라는 자기 몫의 유산을 미리 받아 가난한 사람들에게 나누어주었다.

하루는 클라라가 프란체스코를 찾아갔다. 그리고 자기가 품고 있던 생각과 결의를 털어놓았다. 부모가 결혼을 강요한다는 이야기도 했다.

프란체스코는 클라라의 결심을 수차 확인한 다음 그녀에게 결혼과 같은 세상에 대한 미련을 버리고 오로지 보람 있는 일을 위해 헌신하도록 격려하고 그 일을 위해 자기가 도와주겠다고 약속했다.

클라라가 열여덟 살이 되던 해 1212년 3월 종려 주일. 군중의 환호 속에 예수님이 종려나무 가지를 흔들며 당나귀를 타고 예루살렘에 입성한 날을 기념하는 시기였다. 사람들은 성당에 가서 주교 신부가 축성한 종려나무 가지를 받으려고 줄을 섰지만, 클라라는 자리에 그대로 남아 있었다(어느 자료에 의하면 성당에도 가지 않고 집에 남아 있었다고 한다). 이 날이 사랑하는 가족과 영영 이별하고 몰래 가출하기로 결심한 날이었기에 슬픔에 찬 클라라로서는 차마 종려나무 가지를 받으러 나갈 수가 없었다. 주교 신부는 울고 있는 클라라에게 와서 가지 하나를 손에 쥐어주었다. 주교 신부는 클라라가 그날 저녁 가출할 것을 미리 알고 있었고, 클라라의 길을 특별히 축복하기 위해 종려나무 가지를 손수 가져다준 것이다.

그날 밤, 클라라는 정식 대문을 피해 '사자死者의 문'으로 자기 성채를 빠져나왔다. 사자의 문이란 시신을 가지고 나가기 위해 마련한 문이다. 서울의 수구문水口門 혹은 시구문屍軀門과 비슷했던 모양이다. 이 문을 나오면서 이제 자신은 이 세상에서 죽은 몸이라고 생각했을지도 모른다.

집을 몰래 빠져나온 클라라는 그길로 한걸음에 달려 아시시 아랫녘 계곡에 자리한 성 마리아 델리 안젤리 성당을 찾았다. 나병 환자 요양소 옆에 있던 이 조그만 성당에서 프란체스코가 클라라를 기다리고 있었다.

클라라가 숨 가쁘게 성당에 도착했을 때 형제 수사들이 횃불을 들고 입구로 향하는 길 양쪽에 길게 도열하여 반갑게 맞아주었다. 프란체스코가 성당으로 들어오는 클라라의 손을 잡고 환영 인사를 한 다음 둘은 제단으로 갔다. 클라라는 '예수 그리스도의 배우자'가 되기로 서원하고, 프란체스코는 그의 형제들과 함께 클라라를 잘 돌볼 것을 맹세했다. 그러고 나서 클라라는 프란체스코 앞에 꿇어앉아, 머리에 썼던 너울을 벗고 길고 고운 금발을 한쪽으로 쓸어 모은 다음 프란체스코를 향해 머리를 숙였다. 프란체스코가 가위로 머리카락을 손가락 굵기로 조금씩 조금씩 자를 때마다 클라라는 프란체스코가 속삭이듯 기도하는 소리를 들을 수 있었다. 클라라는 바닥에 떨어지는 자신의 금발을 보면서 목덜미가 시원해지는 것을 느꼈다. 눈물이 뺨을 적시며 흘러내렸다. 슬픔이 아니라 스스로의 결연한 의지가 결실을 맺는다는 기쁨의 눈물이었을 것이다(조안 뮐러, 2006, 8쪽. 전설에 의하면 그때 자른 머리가 아직도 유리 상자에 보관되어 있다고 한다).

브라질 해방 신학자 레오나르도 보프Leonardo Boff, 1938~는, 머리를 삭발한 것은 이 둘이 새로운 차원의 종교적 길에 들어섬을 상징한다고 보았다. 이제 그들은 하나의 길에 들어선 두 사람으로서 영원히 "헤어질 일이 없게 되었다"는 것이다. 프란체스코와 클라라는 세 가지 대상을 위해 그들의 정열을 함께 불태웠다. 그리스도를 위해, 가난한 사람들을 위해, 그리고 서로를 위해.

삭발이 끝난 다음 날이 밝아오자 그들은 빨리 움직여야만 했다. 남자 수사들만 있는 수도원에 머물기도 곤란하고, 무엇보다 집에서 클라라를 잡으러 올지도 모르기 때문이었다. 프란체스코는 클라라에게 호화스러운 옷과 보석으로 장식된 허리띠 대신 그의 동료 수사들이 입는 거친 수사복을 걸치고 새끼줄로 허리띠를 매게 했다. 머리에는 부드러운 너울 대신 거친 수건을 쓰도록 했다. 클라라는 신발도 벗고 프란체스코의 뒤를 따라 수사들의 찬송 소리를 들으며 성당 밖으로 나왔다. 이어서 프란체스코와 함께 아시시로부터 약 4킬로미터 떨어진 베네딕트 수녀원으로 피신했다.

날이 밝자 클라라의 집안에서는 클라라가 몰래 가출한 것을 발견했다. 클라라의 행방을 수소문하여 그의 삼촌과 몇몇 기사가 말을 타고 베네딕트 수녀원으로 달렸다(클라라의 아버지는 개인 군대를 운영할 정도로 부와 권력을 가지고 있었다). 문을 박차고 성당 안으로 쳐들어온 그들의 앞길을 수녀원장이 막았지만, 칼을 차고 막무가내로 돌격하는 기세를 막기는 버거웠다. 이들의 침입을 본 클라라는 성당 지성소로 들어가 제대를 덮은 천을 붙들고 저항했지만 불가항력이었다. 그러자 손으로 자기 머리를 덮고 있던 너울을 벗었다. 클라라의 삭발한 머리를 보고 기겁한 일행은 이제 그녀가 일등 신붓감이 되기는 글렀다고 판단했다. 이들은 수녀들이 보는 앞에서 자신들의 가문은 클라라와 의절한다고 선언하고는 사라졌다. 이제 클라라는 귀족 가문과의 연이 끊어지고 그들의 보호도 지원도 다 잃어버린 혈혈단신이 되었다. 그러나 그녀에게는 프란체스코와 그리스도가 있었다.

이렇게 가문으로부터 의절당함으로써 클라라는 자유를 얻게 되었다. 배네딕트 수녀원의 보호를 받을 필요가 사라졌고, 또 베네딕트 수녀원의 규율이 프란체스코회 규율보다 느슨했기 때문에, 프란체스코는 클라라를 성 안젤로 수녀원으로 데리고 갔다. 성 다미아노 성당 가까이 있던 이 조그만 수녀원에 머무는 동안 클라라는 프란체스코회 수사들과 함께 프란체스코가 이전에 보수했던 성 다미아노 성당에 거처할 곳을 미련하고 있었다.

클라라가 입회한 지 보름이 지나 여동생 카타리나도 집에서 도망쳐 성 안젤로 수녀원에 나타났다. 집에서 이를 알고 삼촌과 열두 명의 기사를 다시 보냈다. 카타리나가 집으로 돌아가지 않겠다고 하자 기사 중 하나가 그녀를 마구 때리고 발로 차며 머리채를 잡아끌었다. 다른 기사들도 합세해서 그녀를 수도원 밖으로까지 끌고 나왔다. 살려달라고 울부짖는 동생의 외침을 들으면서도 클라라는 엎드려 울며 기도드릴 수밖에 다른 도리가 없었다.

드디어 동생이 기절하며 쓰러졌는데, 갑자기 몸이 땅바닥에 박힌 듯 열두 명의 장정들도 그녀를 들 수 없었다. 근처 밭에서 일하던 사람들이 그 광경을 보고 달려와 도우려 했지만 그들도 역시 들 수가 없었다. "밤새도록 납덩어리를 처먹었나"라고 소리 지르면서, 삼촌이 그녀를 죽이려고 쇠뭉치를 들어 올리는 순간 갑자기 팔에 심한 통증이 와서 꼼짝도 할 수 없었다.

기도하던 클라라가 동생에게로 달려가 모두 물러가라고 소리쳤다.

모두 돌아간 뒤 동생은 언니를 위로하며 얻어맞고 발로 차여도 아프다는 느낌이 거의 없었다고 말했다. 이런 어려움을 겪으며 용기와 열의를 증명했기에 프란체스코는 클라라의 동생도 삭발해주고 그녀의 용감한 저항 정신을 찬양하는 의미에서 '아그네스'라는 이름을 주었다.

기쁨으로 받아들인 고난

클라라와 아그네스는 또 다른 수녀 몇 명과 함께 1212년 9월 새로운 모습으로 단장한 성 다미아노 성당으로 입주하여, '성 다미아노 가난한 여인들 수녀Poor Ladies of San Damiano'를 창립했다. 클라라에게는 전에 프란체스코가 기도하다가 예수님의 성상으로부터 음성을 듣고, 또 그가 손수 보수한 이 성당에서 수도 생활을 한다는 것이 너무나도 기쁜 일이었다. 클라라는 죽을 때까지 41년간 이 성당에서만 살았다. 클라라의 동생 아그네스는 얼마 동안 함께 살다가 피렌체 근교 수녀원으로 옮겼다. 그후 클라라의 셋째 동생과 어머니마저 출가해 이 수녀회에 가담했다.

프란체스코의 수도회에서는 이 수녀들을 물질적으로 도와줄 여력이 없었다. 그러나 클라라를 비롯한 모든 수녀는 가난과 고초를 즐거운 마음으로 견딜 각오만큼은 확고했다. 이 사실을 확인한 프란체스코는 동료 수사들을 돌보는 것과 똑같이 영적인 문제나 일상적인 일에서 수녀들을 한결같이 보살피리라 약속했다. 이리하여 클라라의 수녀회는 결국 '프란체스코 가난한 클라라들의 수녀회'가 되었다.

얼마 동안은 프란체스코가 수녀원을 자주 방문하며 직접 지도했다. 그러다가 1216년 수녀원이 어느 정도 자리를 잡자 프란체스코는 클라라에게 수녀원 원장직을 맡겼다. 처음에는 원장이라는 칭호를 완강히 거부했지만, 오로지 순복하는 마음에서 그 명칭을 받아들이기로 했다. 프란체스코는 클라라를 위해 수녀원을 지도하는 데 필요한 규율을 마련해주었다. 비록 수녀원장이기는 했지만 클라라는 다른 수녀들과 조금도 다름 것 없이 병든 사람들을 돌보는 등 온갖 궂은일을 도맡아 했다. 모두에게 겸손하고 친절하고 사랑스러웠으며 수녀들의 발을 씻어주고 거기에 입 맞추기도 했다. 이 모두가 무소유의 생활 방식, 겸손, 사랑 등 프란체스코의 높은 가치관을 그대로 본받은 삶이었다. 프란체스코의 발자취를 그대로 따르려는 열정의 정도가 너무 강해서 클라라를 '제2의 프란체스코'라 부르기도 했다.

클라라는 프란체스코가 살아 있을 동안 지극 정성으로 그를 돌보았다. 프란체스코 자신은 다른 수도사들에게 모범을 보이기 위해서라도 수녀원 출입을 자제하고 다른 수도사들에게도 여성 수도사와 가까워지는 것을 피하라고 권고했다. 정신에 문제가 있던 스테반이라는 수사가 허락 없이 수녀원을 드나드는 것이 알려지자, 한겨울에 옷을 입은 채 강물에 뛰어들었다 나오게 하고 그길로 젖은 옷을 입고 3킬로미터 이상 되는 수도원까지 돌아가게 하는 일도 있었다. 프란체스코가 "하느님이 수도사의 부인을 데려가고, 이제 악마가 수도사에게 수녀를 보내주었다"라고 말할 정도로 수녀들을 멀리하게 했다. 그러나 클라라 개인에게만은 예외였다고 한다(Lezlie S. Knox, 2008, 2쪽). 프란체스코가 클라라의 수녀원을 대하는 태도의 일면을 보여주는 일화가 있다.

1221년 프란체스코가 성 다미아노 수녀원의 깅론을 부탁받았다. 그동안 프란체스코는 자기와 클라라니 수녀들 사이에 흐르는 섬세한 감정의 흐름을 감지하며 그들 앞에 자신이 어른거리는 것이 바람직하지 못하디고 느끼고 발길을 멀리했다. 이처럼 수녀원 출입을 자제하는 편이지만 오랜만에 들어온 부탁이라 승낙하고 수녀원으로 갔다. 수녀들은 성당 안에서 자기들이 그렇게 사랑하고 존경하는 분을 조용히 기다리고 있었다. 성당 안으로 들어간 프란체스코는 수녀들에게 눈길도 주지 않고 무릎을 꿇은 채 하늘을 향해 오랫동안 침묵의 기도를 올렸다. 그러고 나서 재를 가지고 오라고 부탁했다. 가지고 온 재로 자기의 얼굴과 머리에 뿌리고 나머지는 주위에 둥그렇게 뿌렸다. 그런 모습으로 한동안 다시 침묵하다가 입을 열고, "모든 것은 먼지다. 모든 것은 재다. 이 프란체스코도 먼지고 재다!" 하고는 "미제레제(주여 불쌍히 여기소서)" 하는 시편을 읊었다. 그러고 나서는 인사도 하지 않고 그냥 돌아가버렸다.

그러나 프란체스코의 말년에는 그런 태도가 다소 누그러졌다. 프란체스코도 인간인지라 여러 번 좌절감에 사로잡힐 때가 있었다. 심지어는 자기의 사명에 회의를 품고 기도와 명상을 위한다는 핑계로 아주 은퇴하려는 마음을 먹기도 했다. 그럴 때면 성 다미아노 수녀원을 찾아 여러 날을 보내고는 했는데, 그때마다 클라라는 그에게 휴식과 위로를 줄 뿐 아니라 추수할 것은 많으나 일꾼이 없고 양떼들은 많으나 인도할 목자가 없다고 한 예수님의 말씀을 상기시키면서 정신적으로 용기를 더 해주었다.

프란체스코가 죽고 나서도 클라라는 27년을 더 살았다. 그러나 마지막 23년 동안은 계속 병고에 시달려야만 했다. 그러면서도 그동안 이탈리아를 비롯해 유럽 80여 곳으로 퍼져나간 클라라의 가난한 여인들의 수녀원 원장들에게 편지를 쓰는 등 수녀회가 계속 성장하도록 애를 썼다. 수녀들의 몸이 너무 지나친 가난과 고행 때문에 상하지 않도록 규율을 완화하라는 교황의 요청이 있었지만 프란체스코의 모범과 가르침에 따라 가난하게 살기로 한 처음의 서원을 끝까지 유지했다. 클라라는 이 모든 고난을 그리스도와 프란체스코를 생각하며 기쁨으로 받아들인 것이다.

그리스도를 가장 많이 닮은 성자

프란체스코가 1224년 8월 15일에서 9월 29일까지 라베르나 산 위에서 단식기도를 하고 있는데, 9월 14일경 그의 몸에 성흔聖痕, stigmata이 나타났다. 예수님이 십자가 수난 때 양 손, 양 발, 옆구리 등 다섯 군데를 찔려 피를 흘리셨는데, 프란체스코의 몸에서도 똑같은 곳에 피가 흐르기 시작한 것이다. 이 성흔은 아물지 않고 죽을 때까지 그에게 심한 고통을 계속 가져다주었다.

이런 고통 속에서도 그해 겨울 프란체스코는 당나귀를 타고 여러 곳을 다니며 계속해서 기별을 전했다. 그러나 1225년 초 그는 실제로 앞을 못 볼 정도까지 시력이 나빠졌다. 봄에는 어쩔 수 없이 성 다미아노 수녀원으로 들어가 클라라의 간호를 받았다. 그곳 올리브나무 아래에서 클라라가 지켜보는 가운데 그는 유명한 〈태양 형제를 위한 송가Canticle of Brother Sun〉의 첫 부분을 지었다.

같은 해 7월 프란체스코는 교황청 의료진의 치료를 받기 위해 리에 티로 갔다. 몇 군데를 다니면서 수술과 치료를 받았지만 병세는 좋아지지 않았다. 1226년 봄, 다시 치료를 받기 위해 시에나로 옮겼다. 어느 날 밤 고통이 너무 심해 죽는 줄로만 알고 작별의 말을 남겼는데, 이것이 이른 바 "시에나 증언The Siena Testament"이다. 다시 코르토나로 옮겼다가 유언을 남기기도 했고, 여름에는 병세가 점점 더 악화돼 아시시의 주교관으로 돌 아왔다. 이때 '죽음 자매'가 가까이 왔음을 직감한 프란체스코는 포르치 운쿨라로 데려다 달라고 부탁하여 9월에 그리로 옮겼다. 클라라는 프란 체스코가 위독하다는 소식을 듣고 그에게 가보고 싶다는 전갈을 보냈다. 이 소식을 들은 프란체스코는 형제 중 한 사람에게 부탁해 말을 전했다. 슬퍼하지 말라고, 그리고 지금은 자기를 볼 수 없지만 언젠가 볼 수 있는 날이 올 것이니 그것으로 위로를 삼으라는 내용이었다.

1226년 10월 3일 토요일 해 질 무렵. 프란체스코는 "잘 있어라. 나 의 아들들아, 주님을 경외하면서. 언제나 그렇게 하라. 시험과 환란이 곧 닥칠 것이다. 그러나 처음 시작한 것을 끝까지 참고 견디는 자들은 복이 있다. 나는 하느님께로 먼저 간다. 그의 은혜에 그대들 모두를 맡긴다" 라고 했다. 그러고 나서 요한복음에 나오는 예수의 수난 이야기를 읽어

| | |
프란체스코의
유해가 안장된 석관과 무덤.

달라고 했다. 마지막으로 그는 힘을 다해 "내 목소리로 주님께 부르짖고, 내 목소리로 주님께 간원하였나이다"라는 시편 구절을 인용한 다음 45세의 나이로 '죽음 자매'를 맞았다(마지막으로 무슨 말을 했는가를 두고는 이견이 있다. 프란체스코 사후 성 보나벤투라 추기경이 쓴 프란치스코 전기에는 '시편 141편 2, 7장'이라고 했지만 실제 성경 본문과는 일치하지 않는다. 여기서는 실제로 말했다고 하는 것을 옮겼다).

장지로 가는 장례 행렬은 클라라의 성 다미아노 수녀원 문밖에서 시구를 내려놓고 클라라와 자매들이 마지막 가는 프란체스코의 모습을 가까이서 볼 수 있게 했다. 영화 〈클라라와 프란체스코〉를 보면 클라라가 성흔으로 상처 난 프란체스코의 손을 끌어안고 천천히 입 맞춘 뒤 그를 떠나보내며 "잘 가세요. 프란체스코. 그리고 뒤돌아보지 마세요" 하는 장면이 나온다. 오열하는 클라라와 자매들의 찬송 소리를 뒤로하고, 유해는 일단 프란체스코가 어릴 때 다니던 성 조르지오 성당에 묻혔다. 죽은 지 1년 5개월이 지난 1226년 4월 29일 교황 그레고리오 9세Gregorius IX, 1165~1241는 프란체스코를 위해 특별 성당을 짓기로 결정하고, 7월 16일 직접 아시시로 와서 19일 시성식諡聖式을 통해 프란체스코를 성인으로 추대했다. 성 조르지오 성당에 묻혔던 그의 유해는 1230년 5월 25일 기록적으로 빨리 신축된 성 프란체스코 대성당으로 이장되었다.

프란체스코는 '나의 집을 보수하라'는 하느님의 명령에 따라 그전까지 권력을 축적하고 지반을 굳히는 데 여념이 없던 교회를, 무소유를 실천하면서 세상에 사랑을 나누어주는 교회로 바꾸는 데 혼신을 다한 셈이다. 프란체스코 이전의 수도원 전통은 주로 인적이 드문 곳에 가서 명상과 기도와 노역에 열중하는 것이었다. 반면 그가 시작한 프란체스코 수도회는 자발적 가난의 삶을 살면서 더 가난한 사람들, 특히 나병 환자들 사이에 직접 들어가 돕는 일에 매진하는 것을 주된 임무로 삼았다는 사실은 매우 놀라운 일이다. 그렇다고 명상이나 관상, 기도를 등한시한 것도 아니어서 수도사들과 함께 여러 피정 장소로 가서 몇 달씩을 보내기도 했다. 지행합일이라고 할까, 영성과 실천의 조화라고 할까, 아무튼 이런 혁명적인 발상을 하는 사람들은 보통 많은 사람의 미움을 받기 마련이다. 하지만 그리스도교 전통에서 예수 그리스도를 가장 많이 닮은 성자로 칭송받는 프란체스코는 그리스도인뿐 아니라 비그리스도인에게도 사랑과 존경을 받는 성자가 되었다.

가난함에서 성스러움을 길어 올린 성인, 클라라

1253년 8월 11일 클라라는 입회 후 41년, 프란체스코가 죽고 27년이 지난 해, 나이 59세를 일기로 세상을 떠났다. 죽기 직전 교황 인노첸티우스 4세Innocentius Ⅳ. 12/Ⅲ/ 1254가 병문안을 왔다. 교황은 손을 뻗어 클라라가 입을 맞추도록 했다. 클라라가 다시 발에도 입을 맞추게 해달라고 부탁하여 발에도 입을 맞추었다. 그러고 나서 클라라는 자기의 모든 죄를 용서받게 해달라고 청했다. 교황은 "내가 용서 빌 일이 그대 정도라면 얼마나 좋을까?" 하고 죄를 사하며 축복해주었다. 클라라가 위독하다는 소식을 들은 동생 아그네스도 30년 만에 언니의 병상을 찾아와 그 곁에 꿇어앉아 눈물을 흘렸다. 언니는 울고 있는 동생을 위로하며 말했다. "울지 마라. 너와 이별하는 것이 아니다. 우리는 곧 함께 살게 될 거야." 실제로 동생 아그네스는 클라라가 죽고 3개월 후 세상을 떠났다.

클라라의 임종에는 프란체스코와 처음부터 가까웠던 레오, 안젤로, 루피노 삼총사와 프란체스코 수도회 형제들이 함께했다. 클라라는 레오 수사에게 예수의 수난에 관한 말씀을 읽어달라고 청했다. 레오 수사는 클라라의 침대에 입을 맞추며 눈물을 흘렸다. 안젤로 수사는 본인도 울면서 곁에서 우는 수녀들을 위로했다. 클라라의 고해 신부가 그녀에게 병고를 참으라고 권고하자, 그녀는 대답했다.

깊이 사랑하는 형제여, 주의 위대한 종 성 프란체스코를 통해 우리 주 예수 그리스도의 은총이 무엇임을 밝혀 알게 된 이후로부터는 고난도 최후

성 클라라(산타 키아라) 대성당.

의 보속임을 깨달았습니다. 병고도 고뇌도 나에게는 조금도 괴로움이 되지 않았고 또 앓는 일도 그다지 힘들지 않았습니다.

주위에서 울고 있는 수녀들에게는 위로와 축복의 말을 건네며 계속 청빈의 길을 걸으라고 부탁했다. 얼마의 침묵이 흐른 후 클라라는 나지막하게 속삭였다.

이제 평화롭게 떠나라. 지금 너에게는 훌륭한 안내자가 있나니. 너를 창조하신 이가 너에게 성령을 보내시고 어머니가 자기를 사랑하는 아기를 돌보듯 언제나 그대를 돌보셨느니라(Joan Mueller, 2010, 60~61쪽).

종교인의 연애

옆에 서 있던 한 수녀가 누구에게 하는 말이냐고 클라라에게 물어보니, 그녀는 "복 받은 나의 영혼에게 말하고 있어요. 그리고 그동안 나를 인도해주신 그 어른은 지금 내게서 그다지 멀지 않은 곳에 계시네요"라고 했다. 최후의 순간에 프란체스코를 생각했다고 볼 수도 있다.

내려오는 이야기에 의하면 아시시 시민들이 클라라의 장례식에 참석하려고 성 다미아노 수녀원으로 가는 바람에 도시가 텅 비었다고 한다. 교황 인노첸티우스 4세도 수행원들을 대동하고 아시시로 왔다. 그는 클라라의 장례식을 '사자死者의 미사' 대신 '동정녀 성인 미사'의 절차에 따라 거행하라고 지시했다. 이것은 클라라를 성인으로 추대하겠다는 뜻이었다. 그러나 정상적인 관례에서 벗어난다는 보좌관들의 권고를 받아들여 결국 성인으로 받드는 시성식은 뒤로 미루고 사자의 미사로 대신했다. 그녀의 유해는 안치할 성당이 지어질 때까지 일단 성 조르지오 성당에 안장되었다.

성인으로 추대하는 시성 절차가 곧 시작되었다. 시성되기 위해서는 기적을 행한 적이 있어야 하는데, 이런 사례를 찾는 데 겨우 6일밖에 걸리지 않았다. 결국 2년 후 클라라는 공식적으로 '아시시의 성 클라라'라는 칭호를 얻게 되었다. 1260년 '성 클라라 바실리카'가 완공되고 10월 3일 성 클라라의 유해는 그곳 제단 밑에 안장되었다. 교황 우르바노 4세 Urban Ⅳ. 1195?~1264는 성 클라라의 사망 10년 후인 1263년 '가난한 여자들의 수녀회'를 공식적으로 '성 클라라의 수도회'라는 명칭으로 격상시켰다. 약 600여 년 지나 1872년 성 클라라의 유해는 성 클라라 바실리카 지

하에 새롭게 건축된 특별 사당으로 옮겨져 오늘날까지 사람들의 방문이
이어지고 있다.

세 가지 다른 이야기

첫 번째. 프란체스코는 레오 수사와 함께 시에나에 갔을 때 그 지
방 사람들이 자기를 홀대하는 것을 보고 슬픔에 빠졌다. 서글픈 마음은
그의 영적 아들들과 하느님 안에서 사랑하는 딸이 된 클라라가 남아 있
는 고향 아시시로 향했다. 그는 클라라를 걱정했다. 그녀가 자발적인 절
대 가난의 삶을 받아들이면서 여러 극심한 어려움을 극복해야 할 텐데,
그러다 혹시 육체와 정신이 상처 입진 않을까? 더구나 지금 성 다미아노
에서 혼자라는 외로움에 스스로와의 약속을 깨어버리지나 않을까 하는
생각으로 마음이 무거웠다. 답답한 마음은 더욱 무거워져 산길을 올라야
할 지점에 이르러서는 더 이상 걸을 수조차 없었다. 억지로 힘을 내어 주
위의 우물로 가서 맑은 물을 오랫동안 내려다보았다. 그러다가 갑자기
고개를 들고 레오 수사를 향해 환한 얼굴로 말했다.

"하느님의 어린 양, 레오 형제여, 내가 우물물에서 무엇을 보았다고
생각하는가?"

"신부님, 거기 비친 달이겠지요."

"아닐세, 레오 형제여. 나는 달 자매가 아니라, 주님의 무한하신 은
총에 힘입어 우리의 자매 클라라의 진짜 얼굴을 보았지. 그 얼굴은 너무

나도 순결하고 기쁨으로 가득 차 있어 나의 슬픔과 두려움이 사라졌다네. 나는 이 순간 우리 자매가 하느님이 그의 사랑하는 자들에게 거룩한 가난의 보물을 쏟아부어주심으로 그들에게 주시는 완전한 기쁨에 참여하고 있다는 것을 확신했디네"(Otto Karrer, 2010, 63-64쪽).

두 번째. 한번은 클라라가 필립과 수녀에게 자기가 본 환상[vison]을 이야기해주었다. 프란체스코에게 뜨거운 물 한 그릇과 손을 닦을 수건을 가지고 올라가는데 긴 계단이 놀랍게도 엄청 짧게 느껴졌다. 프란체스코에게 다가가자 그는 자신의 가슴을 열고 클라라에게 "와서 잡고 마시라"고 했다. 클라라가 가슴을 빨고 나자 프란체스코는 그녀에게 다시 한 번 더 빨라고 했다. 자기가 맛본 '달콤함과 즐거움'은 표현할 길이 없었다. 클라라가 마시기를 끝냈을 때 젖꼭지가 자기 입술 사이에 그대로 남아 있었다. 입에 있는 것을 손바닥에 올려놓으니 그것은 마치 거울처럼 모든 것을 비출 정도로 맑고 밝은 순금으로 보였다(Joan Mueller, 2010, 39쪽).

세 번째. 클라라는 프란체스코가 잘 아는 친구를 통해 자기가 프란체스코를 방문하고 싶어 한다는 사실을 전해달라고 부탁했다. 그 사람은 프란체스코에게 와서, "신부여, 그처럼 완전한 경건을 지키며 지극히 주와 일치하게 생활하는 동정녀의 소원을 들어주시지 않는 것은 지나치게 냉혹한 일이고, 지나친 엄격은 하느님의 사랑에도 위배되는 일이오.

아무튼 그분은 당신의 자애로 길러온 여리고 작은 영적 묘목이요, 당신의 권고에 의해 세속의 허무한 미로에서 구원받았다는 사실을 잊지 마시오" 하고 간청했다.

"그렇다면 내가 그녀와 함께 식사를 해야 한나고 생각하는가?"

"물론이오. 그녀가 그 이상으로 당신에게 소원을 말한다고 해도 들어주어야 하오."

프란체스코는 클라라를 식사에 초대하기로 승낙하면서, "실제로 우리 자매 클라라는 오랫동안 성 다미아노에만 갇혀 지내왔으니 자기를 주님의 정배로 처음 봉헌한 이곳을 보는 일보다 더 기쁜 일은 없을 것이오"라고 했다.

이렇게 하여 정해진 날 클라라는 자매 한 명을 대동하고 성 마리아 성당 부속 포르치운쿨라를 찾았다. 실로 감개무량이었다. 부모님 집에서 몰래 빠져나온 그날 밤 프란체스코를 만나 삭발의 예를 치르고 자기를 봉헌하기로 서원한 곳이 아니던가. 식사를 기다리는 동안 그녀는 구석구석을 돌아보았다. 프란체스코는 늘 하던 습관대로 밥상도 없이 바닥에 음식을 차리게 한 뒤 클라라 옆에 앉았다. 다른 형제들도 적당히 자리를 잡고 앉아 식사를 시작했다. 그러나 처음 한 조각을 먹기도 전에 프란체스코는 하늘을 향해 고요히 기도하기 시작했고 거기 있던 모든 사람은 어느새 깊은 황홀경에 빠져들었다.

그런 상태로 한동안 있는데 한 무리의 사람들이 수도원으로 몰려왔다. 그들은 숲 위에 치솟는 불길을 보고 수도원에 큰 화재가 난 줄로 생각하고 달려왔다고 한다(엄두섭, 234~235쪽).

가상의 편지

브루스 데이비스^{Bruce Davis} 박사는 아시시에서 12년간 프란체스코와 클라라를 연구하고 그들의 삶을 온몸으로 되새기며 살았다. 그는 클라라와 프란체스코가 서로에게 보낼 만했다고 여겨지는 가상의 편지들을 써서 책으로 냈다. 클라라가 프란체스코에게 보낸 형식의 첫 편지 하나만 가지고도 프란체스코를 향한 그녀의 사랑이 어떠했는지 엿볼 수 있다. 그 사랑이 절절히 배어 있는 몇 구절을 옮겨본다.

프란체스코,

어찌 필설로 다 표현할 수 있겠어요. 그러나 일단 표현해보려고 해요.

부오나 세라^{buona sera}, 안녕. 난 언제나 이처럼 해가 질 때면 그댈 생각하지요. 이 시간에는 그날 하루 있었던 잡다한 일을 다 접어놓고 내 마음은 우리가 아는 그 사랑, 그 내면의 오솔길을 따르지요……

프란체스코여, 우리가 나누는 관계는 아름다워요. 많은 사람은 한 지붕 밑에 같이 살면서도 자기들이 아는 것을 서로 나누지 않아요. 그래요, 나는 삶의 작은 순간순간 그대와 더 많은 시간을 함께할 수 없음을 아쉬워하는 것이 사실이에요. 그럴 때면 난 생각해요. 대부분의 사람은 날마다 함께 살지만 생각과 느낌에서는 너무나 떨어져 있다는 것을. 프란체스코여,

우리는 서로 사랑하게 되었어요. 그때마다 우리는 영원히 뻗어나는 그 정원, 그 큰마음에 함께 이르지요. 우리가 아는 그 영원은 삶의 참된 시詩예요……

제가 오늘 이렇게 편지를 쓰는 것은 제 속에서 제가 어디로 이끌려가고 있는가를 말씀드리고 싶어서예요. 물론 저는 알아요. 제가 말하지 않아도 그대가 이미 알고 있다는 것을. 그러나 이렇게 쓰면 더 확실하겠지요. 저는 그대가 속으로 불타고 있다는 것을 알아요. 사랑은 저의 인간적 모남을 밝혀주고 무디게 해줍니다. 이 아주, 아주, 아주 밝은 빛이 저의 깊숙한 곳에서 올라오고 있어요. 저는 그 빛이 그대로 올라오도록 기도할 뿐이지요. 진실로 하느님은 우리가 단지 인간적일 뿐이라는 것을 알고 계십니다. 저의 이기심도 제 인간적인 부분의 하나일 뿐이지요. 프란체스코여, 이런 말을 하는 것은 핑계가 아니라, 오로지 우리의 인간적임으로 인해 스스로를 벌하지 않아야 한다는 것을 말하고자 할 뿐이에요. 우리는 그냥 지금 그대로의 우리일 뿐입니다.

프란체스코여, 수사들 중에는 그대의 건강을 위해 그대가 더는 울지 않기를 기도한다는 것 압니다. 그러나 프란체스코여, 울음을 그치지 마소서. 저는 그대가 왜 그렇게 울고 또 우는지를 알기 때문이지요. 그것은 이 빛 때문입니다. 그대의 눈물은 그대 영혼과 내 영혼의 핏방울입니다. 우리 둘을 위해 우는 것이지요. 그대가 결코 울기를 그치지 않도록 기도합니다. 눈물 한 방울 한 방울은 저의 영혼을 위한, 그리고 모든 사람의 영혼을 위한 젖과 꿀입니다. 그대의 기쁨이 우리 모두에게 지금부터 영원까지 울음

종교인의 연애

으로 퍼져나갈지어다! 위대한 침묵 속에 오로지 기쁨, 기쁨, 기쁨! 물론 구태여 말할 필요도 없지만, 그래도 말합니다. 프란체스코여 고마워요.

고맙습니다!
우리 주님 안에서 영원히 그대의 것,
클라라 드림(Bruce Davis, 2014, 6~7쪽)

또 다른 편지에 나오는 한 구절을 옮겨본다.

프란체스코여, 전 우리가 성 다미아노 성당 뜰에 있는 올리브나무 밑에서 함께 보낸 시간을 기억하고 있어요. 우리는 한마디 말도 없이 하루 종일 이야기했지요. 완벽한 침묵 속에서 우리는 심장 속에 있는 모든 것을 나누었어요. 새, 작은 꽃, 나무, 그리고 온 세상이 우리와 함께하는 것 같았지요. 그때 그 부근에 있던 농부들이 우리에게 달려오며 소리쳤지요. 솟아오르는 불길과 연기를 보았다고. 프란체스코여, 거기엔 서로를 바라다보고 앉아 있던 그대와 나, 단순한 평화 속에서 안으로 불타고 있던 그대와 나 외엔 아무도 없었지요.

프란체스코여, 전 이 말을 그대에게 한 적이 없지만, 그날 저녁 저는 울면서 잠들었어요. 신께서 제 마음속에 열어주신 그 엄청난 젖과 꿀에 대한 감사함에서 나오는 눈물이었지요. 눈물이 그칠 줄을 몰랐습니다. 우리가 서로에게 주는 그 무엇에 대한 저의 감사함도 그칠 줄 몰랐습니다.

고맙습니다. 프란체스코여, 영원히 감사합니다.

주님 안에서 진정으로 그대의 것
언제나
클라라 드림(Bruce Davis, 2014, 11쪽)

프란체스코와 클라라를 사랑한 또. 한 사람이 있다. 호주 출신의 마
커스 버시Marcus Bussey는 열다섯에 부모를 따라 아시시를 방문한 뒤 두 성
인을 사랑하게 됐고, 이후 관련된 장소를 방문하며 그들의 사랑을 노래
하기 시작했다. 그는 상상으로 두 성인이 주고받았으리라 생각되는 사랑
의 시편들을 묶어 작은 책을 냈다. 그중 프란체스코의 입장에서 쓴 몇 구
절을 옮긴다.

자매여,
삶과 사랑은 위험한 일,
그렇게도 달콤한 금단의 열매.
그러나 나는 알고 있소.
내가 그대를 사랑해야만 한다는 것을.
그분을 사랑하기 위해.

나는 아낌없이 사랑하오.

사랑은 온전한 것이기에.

나는 그 사랑으로 화환을 만들어 그대의 아름다움을 꾸밀 것이오.

나는 사랑할 것이오. 그리고

그것이 니의 굳은 마음이오(Marcus Bussey and Marjorie Bussey, 2012, 24쪽).

자매여,

죽음 자매가 가까이 오는 소리를 듣소.

그가 나의 동반자가 되려 하오.

이별을 생각하니

내 마음이 무겁소.

그러나 나는 알고 있소.

내가 언제나 그대와 함께할 것을.

그대가 그대 마음에 간직한

그 은밀한 사랑.

우리는

사랑의 기수旗手들,

그 깃발 들고 앞으로 나가야 하오.

눈물의 계곡을 넘어

영원으로.

그리하여 우리의 사랑하는 그분의 마음과 뜻이

널리 알려지도록.

(Marcus Bussey and Marjorie Bussey, 2012, 31쪽)

어떤 사랑?

클라라와 프란체스코가 서로에게 가졌던 감정이 남녀 간의 사랑이
었을까, 혹은 천상의 사랑이었을까? 이 두 종류의 사랑은 서로 다른가?
또 둘은 서로 합해질 수 없는가? 이런 물음들은 많은 사람의 관심거리
였다.

교황청의 라니에로 칸탈라메사Raniero Cantalamessa, 1934~신부는 어느 사
회학자의 말을 인용해 프란체스코와 클라라의 관계는 '사랑에 빠진 상
태'의 특성을 고스란히 다 갖추고 있다고 했다. 프란체스코도 성인이긴
하지만 분명 다른 남자들처럼 여인의 매력이나 성적 요구를 경험했을 것
이라고 보았다. 심지어는 성적 유혹을 극복하기 위해 한겨울 눈 속에서
뒹굴기까지 했다는 기록도 있다.

그러나 그들의 사랑은 '신에게로 승화된 혹은 전이된sublimated or
transferred to the Godhead' 사랑이라고 본다. 이어서 프란체스코와 클라라 사
이에는 물론 지극히 강한 인간적 유대가 있었지만, 그것은 어디까지나
남녀 간spousal이 아니라 부녀간paternal, 남매간fraternal 관계였다고 주장한
다. 나무로 치면 두 나무가 잎사귀에서 어울린 것이지 뿌리에서 결합된
것이 아니라는 의미다. 즉 이들의 관계는 서로에 대한 깊은 이해에 기초

성 클라라 대성당에 안장돼 있는 클라라의 유해.

했을 뿐, '살과 피'에서 이루어지지 않았다는 이야기이다. 따라서 이들의 관계는 엘로이즈와 아벨라르, 혹은 단테와 베아트리체 간의 관계와 다르다고 주장한다.

《어린 왕자》의 저자 생텍쥐페리는 "사랑을 한다는 것은 서로가 서로를 보는 것만이 아니라 둘이서 함께 한 방향을 바라보는 것"이라고 말했다. 프란체스코와 클라라의 사랑은 이처럼 서로를 바라보며 즐거워하는 데 그치는 대신 둘이서 한 방향을 보며 큰 뜻을 이루며 살아가는 것이었다. 이렇게 사랑하지만 스스로를 엄격히 자제했다. 어떤 때는 프란체스코 주위의 수사들이 그가 클라라에게 너무 냉정한 것이 아니냐는 사랑어린 충고도 할 정도였다.

그러나 앞에서 언급했듯 이런 엄격한 태도도 프란체스코의 생애 말년에는 좀 누그러져서, 클라라가 있던 수녀원에 방문하는 횟수도 점점 늘어났다. 죽음이 가까워지면서 성 다미아노 수녀원이 그의 마지막 안식처가 되었다. 그가 '해 형제'와 '달 자매'를 위한 노래를 부르면서 '유용하고, 겸손하고 고귀하고, 정결한' '물 자매'를 찬양했는데 그것은 모두 클라라를 마음에 두고 쓴 것으로 보인다.

해방 신학자 레오나르도 보프는, 프란체스코와 클라라 사이에는 에로스와 아가페를 한데 묶는 묘한 무엇이 있다고 보았다. 그들이 자주 만났다는 기록이 있지만 "그들은 이런 만남을 훌륭히 조절하여 신성한 상호 끌림divine mutual attraction이 사람들의 눈에 띄지 않도록 조심했으므로 사람들의 소문을 피할 수 있었다."

《그리스인 조르바》의 작가 카잔차키스는, 프란체스코의 위대한 정신적 사랑이 처음에는 클라라에 대한 애정에서 비롯되었다고 주장했다. 그러나 자기를 사모하고 따라나선 이 아름다운 여성에 대한 에로스적인 동경을, 자기 수도회의 수녀로 그녀를 맞아들이는 필리아(우정애)로 승화시키고, 그것을 다시 경건한 신앙과 그리스도의 사랑 안에서 그녀를 믿음의 딸로 여기는 스트로게stroge 사랑(아버지와 자식의 사랑)으로, 그리고 마침내는 아무도 깰 수 없는 순결한 자비와 선의의 영원하고 거룩한 아가페 사랑의 경지로 그것을 승화시켰다고 보았다(엄두섭, 1985, 206쪽).

그것이 어떤 종류의 사랑이든 한 가지 분명한 사실은, 평생을 무소유로 살아온 클라라와 프란체스코는 사랑을 하면서도 무소유의 사랑을 했다는 것이다. 이 둘 사이의 지고지순한 사랑은 서로를 소유하는 사랑이 아니었기에 역설적으로 서로를 전부 가질 수 있었던 사랑이 아니었을까.

| | | 참고 자료

- 톰 버틀러 보던, 《내 인생의 탐나는 영혼의 책 50》, 오강남 옮김, 흐름출판, 2009, 325~343쪽.
- 오강남, 《종교, 심층을 보다》, 현암사, 2001. 프란치스코의 삶과 가르침에 대해서는 이 책 171~178쪽에 실린 프란치스코 편을 많이 인용했다.
- 엄두섭, 《성 프란치스코》, 은성출판사, 1985. 프란치스코와 클라라의 생애에 대해 번역된 글 중 이 책을 많이 참고했다.
- Joan Mueller, *The Privilege of Poverty: Clare of Assisi, Agnes of Prague, and the Struggle for a Franciscan Rule for Women*, University Park: The Pennsylvania State University Press, 2006, 8.
- Lezlie S. Knox, *Creating Clare of Assisi: Female Franciscan Identities in Later Medieval Italy*, Leiden: Brill, 2008, 2.
- Bonaventure, Ewert Cousins, tr. *The Life of St. Francis*, San Francisco: HarperSanFrancisco, 2005, 155.
- Joan Mueller, *A Companion to Clare of Assisi: Life, Writings, and Spirituality*, Leiden: Brill, 2010, 39, 60~61.
- Otto Karrer, N Wydenbruck, tr., *St. Francis of Assisi: The Legends and Lauds*, New York: Sheed & Ward, 1948, Kessinger Publishing, 2010, 63~64.
- Bruce Davis, *The Love Letters: Saint Francis and Saint Clare of Assisi Meet Pope Francis*, Nashvillw: Grave Directions Publications 2014, 6~7. 인용한 편지의 전문은 다음에서 볼 수 있다. http://www.huffingtonpost.com/bruce-davis-phd/a-love-letter-to-st-franc_b_2653317.html
- Marcus Bussey and Marjorie Bussey, *Clare & Francis: Conversations of Divine Love*, Nevada City, CA: Blue Dolphin Publishing, 2012, 24, 31.
- 프란치스코 연대기, http://www.christusrex.org/www1/ofm/fra/FRAmain.html
- 영화 〈클라라와 프란치스코〉, https://www.youtube.com/watch?v=y3Q_XSuNIhU
- http://iglesiadescalza.blogspot.ca/2011/03/love-between-clare-and-francis-of.html
- http://www.zenit.org/en/articles/francis-and-clare-in-love-but-with-whom

"당신은 나에게 무엇이 되었사옵기에 살아서 이 몸도,
죽어서 이 혼까지도 그만 다 바치고 싶어질까요.
보고 듣고 생각하는 온갖 좋은 건 모두 다 드려야만 하게 되옵니까?"

종교인의
연애

일엽 & 백성욱

사랑과 이별은

곧 하나이며

나와 당신 또한 하나라

||| 유진월

한서대학교 미디어문예창작과 교수이며 극작가이다. 경희대학교에서 국문학을 전공했고 같은 대학원에서 문학 박사학위를 받았다. 페미니즘 희곡사인《한국희곡과 여성주의비평》에서《김일엽의 신여자 연구》,《영화, 섹슈얼리티로 말하다》에 이르기까지 여성, 연극, 영화 관련 연구서를 다수 출간했다. 또한 〈불꽃의 여자 나혜석〉,〈헬로우 마미〉,〈그들만의 전쟁〉등 대부분의 희곡에서 한국 사회에 대한 문제적 시선을 바탕으로 여성과 역사를 재해석하고 있다. 세계일보 신춘문예 당선, 올해의 한국희곡베스트5 작품상, 국립극장장막극 당선, 동랑희곡상 등 연극 관련 상을 수상했다.

기다림의 자세

어디서 왔는지도 모른 채 어디로 가야 할지도 모른 채 그저 작은 나무 한 그루가 있는 길 위에서 무작정 구원의 미래를 기다리는 두 남자의 모습이 보인다. 그들의 직업이 무엇인지 나이는 몇이나 되었는지 고향은 어디인지 가족은 있는지 꿈은 무엇인지, 그들에 관해 아는 것이라곤 아무것도 없다. 누군지도 확실히 모르는 고도를 마냥 기다리고 있다는 것이 그들에 관해 아는 전부다. 하루 종일 고도를 기다린 그들은 해가 지는 저녁 무렵 역시 누군지 알 수 없는 한 소년으로부터 오늘 고도가 오지 않는다는 전언을 받는다. 그들은 온종일의 기나긴 기다림이 좌절되자 허무와 절망에 빠져 목을 매달 생각도 해보지만 그러기에는 가지고 있는 끈도 너무 짧고 나무마저 그들의 체중을 지탱할 만큼 튼튼하지 않다. 이래저래 죽음이라는 최후의 선택마저 여의치 않다. 하는 수 없이 내일은 고도가 오겠지 하는 실낱같은 희망을 품고 그들은 다시 기다림의 자세를 취할 뿐이다.

1969년 노벨문학상 수상작인 사무엘 베케트Samuel Beckett, 1906~1989의 명작 《고도를 기다리며》의 마지막 장면이다. 초라한 두 남자가 길 위에 서서 알 수 없는 대사를 허공에 던지는 장면을 떠올릴 때마다 그들이 보여주는 끝없는 기다림의 자세가 바로 우리의 인생을 그대로 그려내고 있다는 생각이 든다. 이 작품은 부조리 문학의 대표작으로 오늘을 살아가는 우리의 무의미한 삶과 불가능한 의사소통을 표현하고 있지만, 실은 그보다 더 깊은 인간의 존재에 대한 절망을 드러내고 있다. 도무지 어디로 가야 할지 모르는 당장 눈앞에 놓인 절망, 어디서 왔는지 알 수 없는 존재의 불확실성, 어떤 일이 생길지 한 치 앞도 내다볼 수 없는 안타까움, 그래서 어쩔 수 없이 고도라는 정체불명의 존재를 무작정 기다리는 것으로 길고 긴 시간을 채우려는 허망한 노력 등이 작품을 가득 채우고 있다. 이러한 깊은 절망과 허무는 방향을 잃고 정신없이 살아가는 오늘, 우리의 삶을 상징적으로 재현한다.

대체 우리는 어디서 와서 어디로 가는 것일까. 이 근본적인 질문에 답할 수 있는 이는 누구인가. 그야말로 이 문제의 답을 시원하게 들려줄 누군가를 기다리는 수밖에 없을지도 모른다. 그것이 바로 고도를 향한 무한한 기다림의 자세일 것이다. 그러나 고도는 오지 않았다. 비단 오늘만이 아니라 어제도 그저께도 오지 않았다. 그럼 내일, 모레 혹은 그 어느 날엔가 고도가 올 가망은 있는가. 어쩌면 그는 영원히 오지 않을지도 모른다.

어떤 절대적인 존재가 와서 오늘 내가 가진 온갖 의문에 답해주기를 기다려본들 결국 그 누군가가 오지 않는다면 어찌할 것인가. 영원히 이 문제에 대한 해답을 찾을 길이 없는 것일까. 다른 길을 찾아야만 하는가. 이런 질문에 떠밀리다 보면 문제의 해답을 내 밖의 누군가가 해결해주기를 기다리는 것이 옳지 않을 수도 있다는 데까지 생각이 미친다.

그렇다면 어디서 답을 찾아야 하나? 밖에서 안 된다면 반대로 내 안에 해답이 있는 것은 아닐까. 내 안으로 한번 들어가볼 일이다. 모든 것이 나의 마음에 달렸다는 생각의 변화야말로 이 모든 문제에 대한 근본적인 해답이 될지 모른다. 내가 바로 온 우주이며, 본래의 모습을 지닌 나를 찾으면 세상의 숱한 물음에 답할 수 있다는 해결법이 있다. 그것이 바로 불교에서 가르치는 깨달음이요 불佛의 진면목이다. 내 밖에서 나의 문제를 해결해줄 누군가에게 의존하며 기다리기보다는 스스로 문제를 해결할 수 있다는 불교의 관점은 상당히 주체적이고 독립적이며 근본적인 방법으로 여겨지기도 한다.

그래서였을까. 그토록 한 시대를 풍미하던 신여성 김원주金元周. 1896~1971가 돌연 속세의 연을 끊고 일엽 스님으로 생의 좌표를 전환한 것은……. 어렴풋이 이런 생각이 드는 것이다.

새로운 시대, 첨단의 신여성으로 살다

한국 근대 여성의 역사는 강력한 가부장제를 이념적 기반으로 하고 일제강점기와 분단과 전쟁이라는 비극적이고도 구체적인 실체가 그에 덧입혀져 이루어졌다. 내적으로나 외적으로나 심각하게 상처 입었으나 그 상흔을 은밀히 가리면서 살아온 역사다. 더욱이 일제강점기 여성의 삶은 가부장제의 억압에 식민 사회라는 특수성에서 유래한 제국주의적 억압이 가중되어 더욱 여러 겹의 고통을 짊어져야 했다.

이처럼 열악한 시대에 무시통매한 조선 여성의 삶과 의식에 경종을 울리고자 일어섰던 지식인 여성들이 있었다. 소위 신여성이라 불리던 그들은 1920년대를 전후하여 새롭게 등장한 인텔리 여성을 일컫는 말이나. 여성의 90퍼센트 이상이 문맹이던 시절에 신학문을 공부했고, 여성의 지위에 대한 문제를 인식했으며, 조선 사회의 현실에서 나름대로 방향성을 가진 삶을 살고자 노력했던 여성들이었다. 이화학당을 비롯한 국내 여학교 또는 동경 유학생 출신인 이들은 여성 교육에 대한 당대의 편견을 극복하는 데서부터 어려운 출발을 해야 했다. 신여성들은 당시의 남성 지식인 계층과 유사하게 20대 전후부터 이미 진보적 대열의 선두에서 활동했다. 그러나 그들의 의식과 삶은 당대의 남성은 물론 여성으로부터도 동조받지 못했고, 자유연애 사상 등 개방적인 사고와 행동으로 비난을 받기도 했다. 그리고 그들 자신조차도 가치관의 혼란을 겪으면서 내외적으로 고난의 시기를 살았다.

신여성에 대한 부정적인 평가는 무엇보다 자유로운 성 의식에 가장 큰 원인이 있었다. 남녀유별과 순결을 강조하는 조선 시대의 정조관에서 탈피하려던 이들의 주체적인 성 의식을 신정조관이라고 불렀다. 이는 여성이 순결에 대한 강박관념에서 해방되어 정조의 주체가 되어야 하며 진실한 사랑에 육체적 순결 여부는 중요하지 않다는 것이었다. 그들은 결혼과 상관없이 사랑에 자유로웠고 유부남과의 연애도 많았다. 그 결과 '탕녀'라는 이름까지 얻은 그들은 비록 다양한 분야에서 재능과 열정이 있었음에도 불구하고 세상의 지탄 속에서 몰락했다.

일엽은 신여성 중에서도 가장 대표적인 인물이다. 한국 문학 1세대 여성 작가이자 신정조론을 주창한 여성운동가이며 《신여자》를 출간한 저널리스트로서 이름을 떨쳤다. 일엽은 1896년 평안남도 용강에서 목사인 아버지 김용겸과 어머니 이마대 사이에서 장녀로 태어났다. 본명은 원주元周, 아호는 일엽一葉이고 불명은 하엽荷葉, 도호는 백련도엽白蓮道葉이며 본명보다 일엽이라는 호로 더 잘 알려져 있다. 이름마다 들어가 있는 엽葉이란 글자는 오랫동안 외롭게 살았고 외롭게 살기를 자처한 그의 생을 집약하는 듯하다. 바람이 불면 금방이라도 떨어져버릴 잎새 한 장. 그러나 비단 그의 생만이 한 줄기 바람에 날아갈 듯 외롭고 연약한 처지에 놓인 것일까. 실은 우리 모두의 생이 그렇지 아니한가. 누구나 가족과 지인들 틈에서 목소리 높여 이야기하고 즐거운 듯 웃어대지만 정작 모두 혼자라는 사실을 뼛속까지 깊이 느끼며 진저리를 쳐대는 외로운 존재가 아닌가. 그저 아닌 척하고 살아갈 뿐, 모른 척 잊고 살려 애쓸 뿐, 우리는 저마다 외로워서 한바탕 실컷 울고 싶은, 그런 존재들이 아닌가. 일엽은 이름 하나로도 이미 온 세상에 가득한 근원적인 고독을 한껏 드러내고 있으니 참으로 생을 집약한 실존적인 이름이지 싶다.

어머니는 일엽을 장녀로 5남매를 낳았으나 모두 어려서 죽고, 어머니도 일엽이 소학교를 졸업하던 해에 세상을 떠난다. 유독 부녀간의 정이 깊었던 아버지마저 중학교를 졸업할 무렵 돌아가시자 핏줄이라곤 외할머니 한 분만이 남은 상황에서 의지처 없는 삶이 시작된다. 다행히 일엽이 열 아들 부럽지 않은 잘난 여자로 살아가기를 원했던 어머니처럼 외할머니의 교육열도 뜨거웠다. 그 지원으로 일엽은 이화전문을 졸업하고 3·1운동에 참가한 후 동경의 영화학교에 입학해 1년 남짓 유학하고 귀국한다. 그리고 한국 근대사에 첫발을 내딛는다.

여성운동가로 여성 작가로 시대의 선두에 서다

한국의 근대화 과정은 일제의 식민화 과정과 맞물려 있다는 점에서 출발부터 문제를 떠안을 수밖에 없었다. 봉건주의 사회의 구태를 벗고 개인의 발견과 합리성의 구현이라는 근대적 가치를 향해 나아가는 과정이, 그 가치와는 상반되는 억압적 상황에 놓여 있었기 때문이다. 식민화 정책의 주체인 일본을 통해 새로운 문명이 유입되었고 동경 유학생들은 신문명의 세례를 받으며 일본식으로 변형된 서구의 근대를 유통시켰다. 의사소통의 장으로써 저널리즘이 새로운 담론 생성의 주체로 등장한 것도 근대화 과정에서 나타난 한 형태였다. 그러나 새로운 담론 형성의 장은 남성의 전유물이었다. 남성들은 언어와 언어 표현의 장을 독점함으로써 남성의 우월성을 더욱 견고히 다졌으며 남성적 사고를 사회에 전파하

| | |
(좌) 최초의 본격 여성지 《신여자》 표지 이미지.
(우) 〈김일엽 선생의 가정생활〉.
《신여자》 제4호(1920.4)에 실린 나혜석의 연속 목판화.

는 언어 독점 사업의 주체가 되었다.

1920년에 일엽은 여성의 힘으로 만드는 본격 여성지를 표방하고 《신여자》를 창간했다. 《신여자》는 비록 4호로 단명했지만 남성이 주도하는 공적 담론 형성 과정에 여성이 스스로 길을 열고 능동적 주체로 참여하여 당시의 남성 담론과는 다른 양상을 보여줬다는 점에서 높이 평가할 만하다. 《신여자》는 여성들에게 자유로운 의사 개진의 장을 제공하고 문단 활동의 장으로도 기능했다. 여권 의식의 확산과 사회 여론 형성에 기여함으로써 잡지로서의 정치적, 사회적, 문화적 기능을 고루 수행했다. 여기에 그치지 않고 여성의 자매애에 기반을 둔 교류의 중요성을 인식하고 의식의 저변 확대와 사회 참여 등을 이끌어내려 했다. 소수 엘리트 여성만의 글이 아닌 모든 여성의 일상생활에서 일어나는 글을 싣고 공론의 장을 마련하려는 강인한 의지를 밝혔으나, 당시 여성의 문맹률이 높았고 글을 쓸 만한 여성의 수도 극히 제한되었다는 점에서 이런 의도가 잘 실현되지는 못했다.

일엽은 《신여자》를 발산함으로써 진정한 의미에서 최초의 여성 잡지인이 되었다. 잡지의 창간이란 개인의 글쓰기를 넘어서는 일이다. 자본이라는 물적 토대가 마련돼야 하고, 한 시대와 사회에 하나의 담론을 형성할 만큼 영향력 있는 인물이어야 하며, 일정한 사상적 기반을 가져야 하는 데다, 필자 구하기가 여의치 않은 상황에서 상당한 수준의 문필력까지 갖추어야 한다. 따라서 당시 잡지의 창간이란 가히 여러 면에서의 지도자급 인물에게나 가능한 일이었다. 일엽은 잡지를 창간함으로써 당시 조선 사회의 정신적·현실적 여성 지도자로서 그 역할과 능력을 사회에 공개적으로 알린 셈이 되었다. 《신여자》는 역사적 의의만 갖는 것이 아니라 근대 여성 담론의 장이라는 역할을 수행한 진정한 여성지라고 평가할 수 있다.

당시에도 소위 문단이라는 것이 미미하게나마 존재했다. 잡지와 신문이 있었고 등단 제도도 있었다. 그러나 일엽은 또래 남성이 지도자적 위치에서 글을 평가하여 등단을 시켜주는 제도를 택하지 않았다. 남성의 편견이나 선입견에 의해 게재 여부가 결정되는 남성 중심적 문학의 장에 글을 싣는 대신 스스로 잡지를 창간하여 새로운 장을 열었다. 여성들에게 마음껏 자신의 사상과 감정을 피력할 수 있는 터전을 마련해주었고 자신도 그 장에서 시, 소설, 수필, 논설 등 매우 다양한 종류의 글을 썼다.

여성이 글을 쓴다는 것은 남성이 글을 쓰는 것과는 다르다. 글쓰기는 지식인 훈련과 교육으로 길러지는 능력이기에 근대 교육이 이루어지고 사회활동의 기회가 생기면서 비로소 여성의 글쓰기가 가능해졌다. 그러나 오랫동안 언어를 독점해온 남성은 여성의 글을 온당하게 평가하지 않았다. '여성들의 저술은 그것이 마치 여성 자신인 것처럼 대접을 받는다. 그래서 비평은 기껏해야 젖가슴과 둔부의 지적 측정이 될 뿐'이라는 페미니스트의 비판이 있을 정도다. 여성의 글쓰기는 남성의 글쓰기보다 어려운 조건하에서 이루어졌으며 그 결과물로서의 저술물이 남성의 글과는 다른 양상을 보이기 때문에 더 저급한 것으로 무시되었다. 그러나 이것은 남성과 여성의 '다름'에서 기인하는 것이지 우열의 문제가 아니다. 남성과 여성은 분명히 서로 다른 물질적 조건하에서 문학 작품을 생산하는 것이다.

1907년에 쓴 일엽의 시 〈동생의 죽음〉은 최남선의 〈해에게서 소년에게〉보다 1년 앞선 선구적인 작품이며 《신여자》에 실린 여러 편의 시는 새로운 시대에 지식인 여성의 강인한 의지와 기상이 담겨 있다. 미래 지향적이며 신념과 자매애로 가득한 활기찬 분위기의 작품들이다. 입산 이후에는 인생에 대한 사색이 빼어난, 불교와 문학의 융합으로 잘 빚어진 시편들을 볼 수 있다.

소설 중에서 〈어느 소녀의 사死〉는 18세의 소녀 명숙이 자신을 난봉

꾼인 어느 부자의 셋째 첩으로 시집보내려는 부모를 피해 한강철교에 가서 자살하는 과정을 그린 작품이다. 부모에 의한 강제 결혼, 축첩 제도, 황금만능주의, 여성의 인권, 배운 여성의 진로 등 당시 사회에 내포된 여성 문제가 들어 있다. 특히 명숙이 신문사에 자신의 문제를 적은 편지를 보내는 행위는 언론의 사회적 영향력을 잘 알고 있음을 뜻하며, 이는《신여자》를 창간한 일엽의 의도와도 상통한다. 죽음이라는 개인의 희생을 통해 보여준 명숙의 저항은 봉건적 구습 때문에 억압받는 대다수 여성의 삶을 문제화함으로써 다른 여성의 삶에 영향을 준다. 당시 개인이 특히 여성이 완고한 봉건주의와 맞서는 길은 죽음이라는 극단적 방법 이외에는 거의 없었다. 그런 상황에서 교육을 받아 의식화된 소수의 여성은 기꺼이 자신을 던져 사회에 경종을 울렸다. 이 작품은 그러한 사회 문제를 반영하고 있으며 억압의 문화에 저항하고 지배적 남성의 전횡으로부터 탈피하고자 하는 여성의 자각을 보여준다.

여성 문제는 개인이 참고 견디는 것으로 끝나는 문제가 아니라 사회가 함께 풀어가야 할 문제이며 공론화하여 바람직한 방향을 모색해야 하는 중요한 사안이다. 그럼에도 여성 문제는 언제나 남성 중심적 사회에서 거대 담론에 밀리곤 했다. 더욱이 당시는 독립이라는 큰 당면 과제가 있었고 그와 아울러 봉건주의적 사회의 계몽과 개조를 통해 신문명으로 나아가려는 움직임이 중요했다. 그러나 새로운 사회로 변화하기 위해서는 인류의 반인 여성의 문제가 선결되어야 하고 여성과 더불어 나아가야만 했다.

성악가 겸 배우 윤심덕.
일엽, 나혜석과 함께 1920년대에 신여성을 대표했다.

수필은 시나 소설과 같은 근대적인 문학 장르에 익숙하지 않은 여성도 쉽게 쓰고 읽을 수 있는 장르로서 신문학 초기에는 매우 중요한 분야였다. 일엽은 특히 서간문 형식의 글 〈K언니에게〉에서 원만하지 못한 결혼 생활로 고통받는 언니에게 과거의 모든 생활을 그만두고 직장과 독신 생활을 권하고 있다.

우리 여자도 이 세상에 당당한 인격자로 살아가자면 어찌 남자에게만 의뢰하는 비열한 행동을 감히 하리까. 독력독행으로 사회에 입각지를 세우고 고상한 사업에 공헌하여 각성한 여자계에 표준적 인물이 되면 자연 남자의 반성과 인식을 얻게 될 것이로소이다. 이것이 우리 신여자가 시험할 천부의 사명이 아니리까.

이혼의 상황에 놓였으니 재가할 수는 있지만 어울리는 독신자를 찾기 어렵고 남의 첩이나 될 수밖에 없는 상황이라는 현실 인식은 냉정하지만 명확하다. 당시 동경으로 유학한 신여성이 유부남과 사귀며 구설에 오른 것은 남자 유학생이 대부분 부모의 강제에 의해 이미 조혼을 하고 왔기 때문이다. 대화가 통하고 뜻을 같이하는 학우들이었지만 그들의 교유는 출발부터 처녀와 유부남이 사귄다는 비난을 받을 수밖에 없는 상황에 놓여 있었다.

일엽은 《신여자》 주간으로서 많은 논설을 썼다. 당시 조선 사회의 문제점을 지적하며 바야흐로 새 문명이 도래하고 개조의 시대로 변화하고 있으니 이러한 때를 맞이한 신여자의 사명을 주창했다. 남성 중심의 사상과 인습이 여성을 구속하고 사람으로서의 본성을 잃게 만들었다고 지적하며 그 원인으로 남성의 부덕함과 여자의 무지를 들었다. 앞으로는 인습적 도덕을 타파하고 합리적인 새 도덕으로 남녀가 평등하게 자유와 권리를 누리며 최선의 생활을 누려야 한다고 주장했다. 여성들의 정신적 자유와 함께 물질적 자유의 중요성을 지적했고 모든 전설적·인습적·보수적·반동적 구사상에서 벗어나는 것이 신여자의 사명이자 존재의 이유라고 했다.

변화하는 시대를 보는 명확한 현실 인식, 여성에게도 반성을 촉구하는 태도에서 엿보이는 공정한 시각, 신여성으로서의 사회에 대한 책임감, 지도자적인 자각과 리더십 등 그의 논설에는 당시 새로운 문명을 향해 나아가려는 신여성 일엽의 활기찬 의욕이 담겨 있다. 그녀는 본격적인 여성 저널리즘의 장을 열고 여성 중심적 잡지라는 목표를 향해 나아가려는 확고한 의지를 기반으로 삼아 당당한 어조로 의사를 개진했다.

연애와 신정조론, 논쟁의 최전선을 달구다

근대는 여러 가지의 도전과 갈등, 변화를 낳았다. 그중에서도 연애 만큼 강렬하게 사람들을 뒤흔든 것도 없다. 연애는 이전의 어떠한 사랑의 양식과도 다른 것으로 오직 지식인 청춘 남녀 간의 사랑만이 'love'의 번역어인 '연애'가 되었다. 당시 개인은 국가를 위해 희생해야 했고 그런 의미에서 개인은 억압될 뿐 아니라 금기시되는 영역이기도 했다. 이러한 상황에서 개인이 극대화된 영역이라 할 수 있는 연애가 신문명을 업고 서서히 모습을 드러내기 시작했다. 연애는 암울한 시대적 상황 속에서도 자유로운 개인의 자각이라는 근대적 명분을 획득하면서 조혼과 강제 결혼을 거부하는 반역의 기호로써 이 땅의 지식인과 대중을 파고들며 새로운 사상으로 전파되었다.

서양 선교사들이 설립한 교육 기관과 일본으로의 유학은 서구 문화를 수용하는 관문이었고 20세를 전후한 청춘 남녀들은 그중에서도 연애를 가장 먼저 받아들였다. 오늘의 관점에서는 연애가 전적으로 사적인 영역에 속하지만 당시에는 다분히 공적인 차원에 속하는 양면성을 가지고 있었다. 연애는 사회의 변화를 앞서가는 새로움이자 나아가 진보와 연결되는 매우 선진적인 것이었기 때문이다.

일엽은 여성의 육체적 순결이 무의미하며 새로운 남자를 만날 때마다 진실하기만 하다면 그것으로 의미가 있다는 파격적인 '신정조론'을 주장함으로써 성 담론의 선두에 서기도 했다. 특히 〈나의 정조관〉에서 성의 해방을 주장했다.

1926년 2월 22일,
경성 중앙기독교청년회관에서 열린 자유연애 대강연회에 선 일엽
(《동아일보》 1926년 02월 24일자 5면, 사회면).

나는 더러운 것을 막 주무르던 손이나 티끌 하나 만져보지 않은 손이나 손
은 손일 뿐이지 정·부정이 손에 묻지 않는 것같이 여자의 육체가 남성을
접하고 안 접한 것은 문제될 것이 없고 오직 그 여자의 정신 문제뿐이라.
정신적으로 정적 청산이 되어서 사랑을 상대에게 온전히 바칠 수만 있다
면 언제든지 처녀로 자처할 수 있어 그 양해를 하는 남자와 그렇게 될 수
있는 여자라야 새 생활을 창조할 수 있다는 신정조관을 가진 까닭이외다.

이처럼 보수적이고 인습적인 구도덕에서 벗어나서 과거의 부당한
남녀 관계를 직시하고 남녀에게 이중적으로 적용되는 도덕관을 타파하
고자 했다. '정조는 상대자에 대한 타율적 도덕관념이 아니고 그에 대한
감정과 상상력의 최고조화한 정열인고로 사랑을 떠나서는 정조의 존재

를 타 일방에서 구할 수 없는 본능적인 감정'이라는 신정조관은 사랑하
는 마음이 육체적인 관계보다 중요하므로 지금까지의 처녀, 비처녀라는
관점은 부당하다는 것이다. 그러나 이러한 사상과 그 실현은 당대 현실
에서는 매우 수용되기 어려운 것이었다. 결국 일엽의 사적인 연애와 결
혼 그리고 이혼 등은 공적인 사회의 비난으로 이어졌다.

사랑을 지나 임을 건너, 불교에서 길을 찾다

사랑은 모든 것을 뛰어넘는 힘을 가졌다. 그 힘은 상대자 외에는 아
무것도 보이지 않게 할 만큼 강력하다. 그래서 남들 눈에는 이해할 수 없
는 사람이거나 동의할 수 없는 조건과 환경에 놓인 사람과도 사랑에 빠
지는 것이다. 일엽은 출가하기 전 몇 번의 사랑과 실연, 결혼과 이혼을
경험했다. 일엽이 신정조론을 주장할 정도로 선진적인 의식을 가진 당찬
여성이었고 매우 열정적인 사람이었던 덕분이기도 하지만 근본적으로
는 세상에 의지하고 위로할 단 한 사람의 살붙이도 없는 지극히 외로운
사람이었던 까닭도 있다. 이러한 여러 가지 요인이 일엽을 늘 사랑의 미
망에 빠지게 했다. 그러나 막상 그 사랑이 자기가 찾던 진실한 것이 아니
라고 느꼈을 때는 단호하게 빠져나오는 결단력을 가졌다. 대개의 사람이
이런저런 핑계로 자기를 정당화하고 적당히 타협하고 사는 것과는 다른,
정직한 삶의 자세였다. 하지만 내적인 소신에 기반을 둔 거침없는 삶은
일엽을 자유분방한 여자로 보이게 했고 사랑과 연애를 둘러싼 그의 행적

은 비난의 대상이 되었다.

33세가 되던 1928년 불가에 귀의한 후에는 자신이 그토록 열성을 바쳤던 여성운동이 '일시적이고 순간적인 구급책'에 불과하고 영원무궁한 진리가 못 된다'며 '어둠에서 헤맨 것뿐'이라고 비판적으로 말했다. 또한 속세에서의 생활을 모두 '고뇌와 혼란'이라 요약할 정도로 그간의 삶을 실패로 규정했다. 사상적으로나 현실적으로나 여성 활동의 터전을 마련함으로써 한국 근대사에 커다란 족적을 남긴 대표적인 신여성이 그간의 성과를 모두 무의미하다고 할 때, 그 뒤를 따르던 여성주의자의 입장에서는 발밑이 내려앉는 듯한 충격을 받기도 한다. 험한 눈보라를 헤치며 여성이라는 이름의 새로운 길을 만들어가던 발자국을 따라 걷던 이들에게는 당당하던 대선배가 후배를 남겨두고 홀연히 떠나버린 듯한 기분이 드는 것이다.

어떤 깊은 인연이 그토록 세상을 힘겹게 돌고 돌아 마침내는 부처님의 제자가 되는 길로 들어서게 했을까. 현생은 과거 생의 업의 결과이며 현생에서 선업을 지어야 다시는 태어나지 않고 해탈하여 열반에 든다는 불교의 원리에 비추어 볼 때, 가시밭길 같은 세속에서의 삶은 수도자로서의 삶과 영 다른 길이 아니었다. 그 길 또한 결국은 진정한 나를 찾고 부처가 되기 위한 구도의 길을 향해가는 치열한 과정이었다.

불교는 인간의 어리석음을 극복하고 지혜를 얻고자 하는 철학적 과정이다. 특히 선불교는 인간의 어지러운 삶이 모두 헛된 환상임을 알고 수행을 통해 일체중생이 본래 부처라는 믿음으로 진정한 깨달음에 도달

종교인의 연애

하는 것을 목적으로 삼는다. 한국 불교는 선불교의 중흥을 이룩한 경허鏡虛, 1849~1912 선사로 인해 새로운 전통을 수립한다. 경허 선사의 선불교는 사상이나 지식에 대한 집착에서 벗어나서 인간의 자기 형성을 강조한다. 곧 어떤 사상의 틀로 인간을 파악하거나 구속하는 것이 아니라 인간이 사상을 만들어가는 주체적인 자기 형성의 자유를 중시하는 것이다. 이러한 인간관에 기본을 둔 경허 선사의 실존적 불교관은 근대 불교사에서 수많은 선승을 길러냈고 그 흐름이 오늘에까지 이르고 있다. 경허 선사의 대표적인 제자로 세 달月을 꼽는데 수월 음관水月 音觀, 1855~1928, 혜월 혜명慧月 慧明, 1861~1937, 만공 월면滿空 月面, 1871~1946이 그들이다. 특히 선문의 거대한 산맥을 이룬 덕숭산문의 지도자인 만공 선사와 그 법을 이은 이들에 의해 현대 선문은 활력을 얻었으며 조계종은 선문으로서의 위치를 회복했다. 일엽은 바로 그 만공 선사에게서 경허 선사의 흐름을 이어받음으로써 선승의 계보를 잇고 있다.

연애의 배를 저어 고해를 떠다니다

그리고 아, 연애!

역설적이게도 조국을 빼앗은 나라 일본에 가서 그들의 언어로 번역된 서양의 문화를 접하면서 젊은이들은 많은 것을 배우고 사상의 변화를 겪었다. 그러나 정작 자신들이 배운 새로운 사상을 마음껏 펼칠 기회가 없어 더 큰 절망의 나락으로 떨어져 방황해야 했다. 하지만 새로움 중에서 구체적으로 실현 가능한 분야가 있었으니 그것이 바로 연애였다. 당시 신문명의 선두 주자들은 다른 분야에서 많이 실패했지만 자유연애와 조혼한 아내와의 이혼에서는 성공적이었다. 물론 세간의 비난은 극심했다. 그러나 그들은 마치 독립운동을 하듯 확신을 가지고 연애에 몰두했다. 연애는 당시 대중의 삶과는 전혀 상관이 없는 인텔리만의 전유물이었기 때문이다. 일엽 또한 자유연애와 신정조론을 외치며 연애의 최전선에 섰다.

일엽은 이화전문을 졸업할 무렵, 미국에서 공부하고 당시 연희전문 교수로 있던 40세의 이노익과 결혼했다. 그는 결혼 후 일엽의 일본 유학도 돕고《신여자》의 발간 자금도 지원하는 등 인생의 선배로서 이런저런 지원을 한 것 같다. 그러나 남편이 나이도 많고 신체적 결함을 가진 탓도 있었지만 애초부터 사랑이 없었던 결혼 생활은 오래갈 수가 없었다. 1920년 3월 출간을 시작한《신여자》가 불과 4호를 끝으로 폐간된 이유는 남편과의 불화 때문에 지원을 받지 못해서라는 측면도 있다. 아무리 당대 최고의 지적이고 능력 있는 여성일지라도 재정적인 기반이 없으면 사회에서 그 뜻을 펼치는 데 한계가 있었던 현실을 잘 보여준다. 여성에게 경제적인 독립이 얼마나 중요한지를 알려주는 중요한 사례다.

남편에게 이혼을 선언한 일엽은 다시 일본에 가서 공부에 집중했다. 그러다 오타 세이조太田淸藏를 만나 청혼을 받았지만 당시 명문가이던 그의 집안에서 조선 여자와의 결혼을 반대해서 뜻을 이루지 못했다. 얼마 후 그의 아들 김태신金泰伸. 1922~2014을 낳았는데 화가가 된 아들은 어머니에 대한 그리움을 몇 권의 책으로 썼고 60대 후반에는 마침내 어머니의 뒤를 이어 승려가 되었다. 이 글을 쓰고 있는 중에 스님의 원적 소식을 들었다. 우리 나이로 93세였으니 비교적 천수는 누렸으나 어머니만큼이나 평생 고독한 생을 살았고 그 뒤를 이어 불도로 살다 가니 참으로 인연이 깊고도 깊다. 그러나 일엽과 오타 세이조, 김태신의 인연에 관한 내용은 모두 김태신의 책에 근거한 것이다. 그는 이런저런 사리에서 모자간의 인연을 거듭 말했으나 정작 일엽은 어떠한 확인도 해준 적이 없다. 어린 김태신은 수덕사로 어머니를 찾아갔지만 어머니라 부르지 말고 스님이라 부르라는 냉정한 외면으로 마음을 상하고, 당시 이혼하고 수덕여관에 머물고 있던 나혜석에게서 대신 어머니와 같은 정을 느끼고 위로를 받았다고도 썼다. 하기야 세상에서의 삶이 한 줌의 먼지와 같은데 아들이든 어미든 애인이든 무슨 의미가 있겠는가. 모두가 한낱 사그라지고 말 부질없는 재와 같은 것이다.

그 후 일엽은 시인이자 소설가인 노월 임장화蘆月 林長和와 연애를 시작하고 동거에 들어가지만 그 인연도 더 이상 나아가지 못했다. 그 역시 이미 조혼한 상태였기 때문이다. 당시 신학문을 배운 남성들은 지적이며 대화도 통하는 신여성과 사귀고 결혼하기를 원했지만 그럴 수가 없었다. 유학을 오기 전 대부분 조혼한 상태라 결혼 이후 만난 신여성은 첩이 되거나 남자가 이혼하고 재혼해야 하는 상황이었기 때문이다. 이혼을 반대하는 완고한 가문에 부딪혀 많은 신여성이 첩이 될 운명에 처했고 그러한 처지를 용납하지 못하는 경우는 불륜이라는 비난에 시달리거나 실연의 상처를 견뎌야 했다. 물론 일엽은 첩이 될 수 없었다. 임장화는 같이 자살하자며 헤로인을 준비했지만 그렇게 죽을 마음이 없었던 일엽은 헤로인을 소다로 바꿔치기해서 동반 자살의 위기를 벗어나기도 했다. 몹시 외로움을 타던 일엽은 남자의 사랑으로 부모 형제의 모든 정을 대신하려 했고 그 사랑을 성취하기 위해서는 남의 이목이나 도덕적 문제까지도 돌아보지 않으려는 생각이 있었다. 일엽은 훗날 그것이 어린아이의 손에 들려준 칼처럼 위험한 일이었다면서 그때 자신을 살린 것이 불법佛法이었다고 회고한다.

긴 세월이 흐른 후 일엽은 어떤 신도가 향을 싸가지고 온 신문에서 우연히 임장화의 시를 읽기도 했다. 한번은 어떤 스님이 서울에서 탁발을 다니다가 우연히 한 집을 지나게 되었는데 중년 남자가 어디서 왔느냐 묻더라는 것이다. 그래서 수덕사 견성암에서 왔다고 했더니 일엽의 안부를 묻고는 '부디 장수하시라'는 명함을 적어주더라며 전해준 일도 있었다. 시간은 흐르고 만남과 이별이 모두 과거지사가 되었지만 일엽은 임장화가 여전히 세속의 인간사에 시달리고 있음을 안타깝게 여겼다.

한때 같이 사랑과 이별의 고통을 겪었던 처지이나 먼저 참 자아를 찾아가는 길에 들어선 일엽은 뒤에 남아 여전히 고苦의 바다에서 헤매는 사람들에게 새로운 세상의 진리를 전하고 싶은 마음이 있었다. 그 마음은 사랑도 동정도 아닌 먼저 진리의 발걸음을 옮긴 이의 당연한 의무이며 도리였다. 1962년 출간한 《청춘을 불사르고》에서 일엽은 과거를 회상하기도 하고 편지의 형식을 빌려 불법을 전하기도 한다. 안으로는 불법

조선 최초의 페미니스트이자 여성 화가였던 나혜석.
《신여자》 4호에 김일엽의 바쁜 하루를
네 컷 만화로 그리기도 했다.

을 담으면서도 겉으로는 연애 이야기로 구성된 독특한 이 책은 불교 문학의 새로운 장을 열었다. 이 책을 읽고 불교의 진리에 감화되어 출가한 이들도 꽤 있었다고 하니 대중에게 포교를 하는 새로운 방식으로써도 성공을 거둔 셈이다.

　　그런데 이미 속세를 떠나 절필한 지 30여 년 만에 새로운 모습으로 세상에 드러내면서 굳이 자신의 연애사를 말할 필요가 있었을까. 신문명기에 선각자로서 유명세를 타기도 했지만 한편으로는 비난의 화살을 맞기도 했던 연애사를 굳이 스스로 꺼내놓는 그 마음은 무엇이었을까. 이제는 과거의 모든 일에서 완전히 자유로워진 상태, 곧 멸滅에 접어든 해탈한 승려의 눈으로 볼 때 과거의 연인은 더 이상 연인이 아니라 고해에서 위험한 항해를 했던 동료였다. 그리고 아직도 파도가 몰아치는 망망 대해에서 부서져가는 나무토막에 의지한 채 이리저리 풍랑에 휩쓸려 갈피를 잡지 못하고 흔들리는 중생이었다.

이제 홀로 그 바다에서 벗어났으니 먼저 벗어난 자가 여전히 고해에서 헤매는 이들을 건져내기 위해 도움을 주는 것은 당연한 임무다. 그런 마음에서 세간의 흥밋거리로 다시 자신을 내려놓는 위험을 감수한 것이다. 이미 해탈의 경지에 들어선 그에게 그런 것이 두려울 리가 없다. 여전히 과거의 흘러가버린 연애 이야기나 들추어내려는 호사가들이 있다 할지라도 이미 눈도 깜빡하지 않을 흔들림 없는 자리에 서 있음에랴. 자신에 대한 이런저런 구설을 겁내지 않는 무한한 자비심의 발현이니 그 깊은 뜻을 헤아릴 일이다.

사랑과 이별도 하나, 나와 당신도 하나

《청춘을 불사르고》는 열정으로 혼란스러웠던 청춘을 불사르고 영원히 시들지 않는 청춘을 얻으려는 마음에서 입산했음을 고백하는 뜻으로 붙인 제목이라 한다. 청춘을 불사른다 함은 유심有心의 인간, 곧 몸과 혼을 살라버리고 부처님이 설법한 무심無心, 곧 생사와 고락과 선악을 여읜 안전지대를 알아 얻은 경지를 의미한다. 세상에 이리저리 휘둘리며 살아가는 범인의 삶이 문득 무의미하게 느껴지는 순간, 진정한 삶에 대한 목마름이 솟아났고 '진정한 나'를 좇으려는 결단이 이어졌다. 진아眞我에 대한 그리움은 스스로의 깨달음으로만 얻을 수 있다는 불교의 가르침은

자기의 인생을 누구보다도 사랑하고 최선을 다해 인생의 주인으로 살고
자 했던 일엽에게 가장 걸맞은 구도의 자세였으리라.

이 책은 청춘의 희로애락이 최고조에 달했던 혼란스러운 시절을 함
께한 B에게 보내는 한 통의 서신으로 시작된다.

당신은 나에게 무엇이 되었사옵기에

당신은 나에게 무엇이 되었사옵기에
살아서 이 몸도, 죽어서 이 혼까지도 그만
다 바치고 싶어질까요.
보고 듣고 생각하는 온갖 좋은 건 모두 다 드려야만
하게 되옵니까?
내 것 네 것 가려질 길 없사옵고
조건이나 대가가 따져질 새 어딨겠어요.
혼마저 합쳐진 한 몸이건만……
그래도 그래도,
그지없이 아쉬움
그저 남아요……
당신은 나에게 무엇이 되었사옵기에?

1928년에 쓴 이 시를 책의 서두에 수록함으로써 일엽은 독자들에

게 단숨에 다가간다. 스님의 사랑 이야기라니……. 사랑에 울고 웃고 사랑 탓에 행복하고 불행한 범인에게 사랑 이야기야말로 가장 공감할 수 있는 삶의 핵심일 수 있다. 화려한 연애의 주인공으로 유명하던 스님이 30년의 수도 생활을 한 끝에 얻은 깨달음이 무엇일까 궁금해하는 대중은 이 놀랍도록 아름다운 스님의 연시에 충격을 받았을 것이다. 사랑을, 아직도 이야기하시는가. 여전히, 속세의 사랑에 연연하시는가. 그런 궁금증을 불러일으켰던 것이다. 책을 읽노라면 놀랍게도 사랑 이야기에 거침없는 일엽을 만날 수 있다. 평범한 승려라면 속세에서의 사랑 같은 것은 이제 나와는 무관하다며 접어두려 했을 법도 하지만 일엽은 도리어 정공법을 썼다.

아, 스님. 그토록 아름다운, 사랑이라니요…….

사랑불이 몸과 맘을 다 태우네

B와의 사랑은 일엽의 생에서 가장 중요하고도 유일한 사랑으로 보인다. 그를 만나기 전 일엽은 약혼한 적도 있었고 연애와 결혼 그리고 이혼의 경험도 있었다. 파란만장한 경험 이후 불교사의 편집실에서 드디어 B와의 운명적인 만남을 가진다. B는 독일에서 27세에 철학 박사 학위를 받은 수재로 훗날 내무부 장관과 동국대학교 총장을 지냈던 백성욱白性郁, 1897~1981 박사를 칭한다. 그가 독일에서 귀국한 후 불교일보사의 사장으로 있던 무렵 일엽은 그를 처음 만났다. 잡지 《불교》의 문예란을 담당

하면서 활발하게 글을 쓰고 있던 일엽은 그와 처음 만난 순간 바로 사랑에 빠져버린다. 불교의 진리를 가르쳐주던 백성욱과의 만남에서 일엽은 그가 가리키는 달은 보지 않고 손가락만 본 격이라 자책하면서도 사랑의 손길과 나눔과 정에 깊이 감화되어버렸다. 일엽은 자신의 일생이 줄곧 외로움으로 점철되었으나 그를 만난 이후에야 비로소 절절한 외로움이 무엇인지 알게 되었다고 고백한다.

일엽은 그와 서로 사랑하는 사이니 언젠가는 결혼도 하게 되리라 여겼다. 그러나 한없이 자상하고 다정다감하며 몸과 마음으로 깊이 사랑하던 연인이 어느 날 갑자기 "인연이 다하여서 다시 뵈옵지 못하겠기에……"라는 편지 한 장을 남기고 홀연히 떠나버렸다. 왜 떠나는지 어디로 가는지 언제 돌아오는지 아무것도 알리지 않고 빈자리만을 남긴 채 사라져버린 것이다. 모든 것을 바쳐 사랑한 사람에게서 깊은 상처를 받은 일엽은 주체할 수 없는 깊은 슬픔과 무거운 상실감에 빠졌다. 죽음과도 같은 침묵만이 그들 사이에 남아 있었다. 그의 소식을 기다리며 끝없는 기다림의 자세로 그를 그리워했다. 울고 울고 또 울어도 눈물샘은 마를 줄을 몰랐다. 그는 나와 남이 없는 자타일체自他一體의 경지에 오르는 것이 하나를 이룬 인간이라 말해주곤 했다. 하나가 되는 공부를 해서 만남과 헤어짐이 하나요 사랑과 미움이 둘이 아님을 깨닫는 날, 비로소 만나거나 떠나거나 사랑하거나 미워하거나 흔들림 없는 평안함을 얻는다는 이야기였다. 그러나 그가 떠난 당시에 사랑의 정념과 애별리고愛別離苦(사랑하는 사람과 헤어지는 괴로움)에 빠진 일엽으로서는 성불도 관심 밖이고 오직 그에 대한 그리움과 기다림으로만 하루하루를 보낼 뿐이었다. 어디로 보내야 할지 알지도 못하면서 수없이 편지를 쓰고 읽고 구겼다 던져버리고 다시 펴기를 반복하면서 슬픔의 눈물만 흘리는 고(苦)의 나날을 보냈다.

얼마간의 시간이 흐르고 일엽은 그의 말을 떠올려 의미를 곱씹으면서 드디어 '나'를 발견하는 길에 모든 것을 바치리라는 결심을 하기에 이르렀다. 마음 안에 원래부터 있는 존재인 나를 발견하지 못하는 생, 근본적인 빛을 보지 못하고 그 빛이 만들어내는 허상과 그림자를 좇으며 살아가는 생, 그것이 평범한 사람들의 생이지만 절망적인 고난과 깊은 슬픔이 오히려 거짓된 세상에서 벗어날 수 있는 계기가 되었다. 결국 갑작스러운 임과의 이별은 그 고통을 딛고 일어선 순간 더없는 선물로 변했고 새로운 세계로 첫걸음을 떼어놓게 하는 중요한 출발점을 제공한 셈이 되었다.

일엽은 마침내 이보다 더 좋을 수 없는 소중한 길로 나아가게 한 그에게 감사한 마음이 들었다. '사랑은 내 마음에 있고 내 마음은 어디에나 붙이기에 달려 있다. 무엇에게나 어디에나 내 마음을 붙여 사랑할 수 있다.' 이렇게 마음을 다잡으며 그와의 인연을 접었다. 사랑이 삶의 주제가 되고 사랑에서 나오는 도움으로 자유와 평화의 삶을 살아가게 된다며, 개인적인 남녀 간의 사랑을 넘어선 평등애라는 거시적인 사랑으로 나아가고자 한 것이다. 사랑을 다스릴 줄 알면 사랑에 휘둘리지도 않음을 깨닫게 되었다. 남녀 간의 사랑뿐만 아니라 중생의 애착심이란 한이 없기

| | |
경허 선사에 이어 최고의 선승이라 일컬어지는 만공 선사.
일엽은 두 선사의 흐름을 이어받아
선승의 계보를 이었다.

때문에 사랑에 눈이 어두워 수단 방법을 가리지 않다가 큰 위험에 빠질
수도 있음을 깨달았으니 그간의 파란 많은 생이 오늘을 맞이할 과정이었
구나 싶었다.

일엽은 당시 경허 선사의 뒤를 이어 최고의 선승이라 일컬어지던
만공 선사에게서 "성품이 백련꽃같이 되어 세속에 물들지 않을 때까지
덕숭산 밑을 내려가지 말라"는 계를 받았다. 불교의 길에 들어선 이상 성
불하여 완인完人이 되는 것이 최고의 지향점이다. 그러므로 스승의 계가
아니더라도 스스로 과거의 습기習氣가 집적된 몸과 혼을 불사르고 정진하
는 것이 당연한 일이었다.

불교는 우주의 정체인 동시에 나의 본면목인 '진아眞我'를 깨달아
서 일시적 존재인 현재의 나, 곧 가아假我로서 천당, 인간, 수라, 아귀, 축
생, 지옥의 육도六道에서 헤매는 고에서 벗어나 깨달음을 얻고자 하는 것

이다. '나'를 아는 것은 지극히 어렵지만 어느 생각이든지 하나를 붙잡고 그 정체가 무엇인지 의심하여 마침내 그 의심을 풀면 자아를 발견할 수 있다. 부처님의 제자 아난이 나를 알지 못하면 죽어버리겠다는 마음으로 절벽 위에 서서 사흘 밤낮을 움직이지 않고 정진하여 깨달음을 얻은 것처럼 나를 알기 위해서는 목숨을 버릴 정도의 각오와 간절한 마음이 있어야 한다. 진정한 나를 찾아 참 자유인이 되는 것이야말로 구원의 길이며, 자유인이 되기 위해서는 불교에 귀의하여 그 법을 배워야 한다. 깨달음을 얻어 완인의 경지에 이르면 모든 것으로부터 벗어날 수 있다.

그러한 깨달음의 자리에 서자 일엽은 비로소 '이제 당신은 나를 버려도 좋습니다'라고 말할 수 있었다. 일엽은 그 순간 자신이 그의 애인도 동지도 될 자격이 이루어졌음을 알았다. 만나고 떠남은 둘이 아니니 두 사람은 이별한 적도 없고 서로의 자리를 여의지도 않았다. 나아가 우주가 바로 나이며 만유가 곧 나임을 깨달으니 한낱 남자와 여자, 사랑과 이별, 기쁨과 슬픔이 아무 구별 없는 하나임을 아는 데까지 나아갈 수 있었다. 부정이 긍정이요 긍정이 부정이다. 중생과 부처는 둘이 아니다. 너와 나도 하나, 생사도 고락도 하나다. 그토록 자유자재한 경지에 오르는 순간 한 여자로서 한 남자를 사랑하고 연연해하고 집착하던 과거가 얼마나 부질없고 어리석고 가엾은 일이었는지를 알게 되었다. 그가 곧 나이고 내가 곧 그인데 내가 나를 찾아 헤매다니, 그 얼마나 어리석은 일인가. 여기에 이르는 순간 일엽은 그간 자신을 옭아매고 고통스럽게 하던 모든 것에서 놓여나서 참 자유를 얻었다.

불법에 귀의한 이후 그 오묘한 진리에 감동한 일엽은 대문호가 되어 불법에 기반을 둔 작품을 써서 세상에 진리를 전할 뜻을 가졌다. 그러나 작품이란 것이 진정한 창조가 아닌 한낱 오랫동안 익혀온 습기의 환몽幻夢에 붉과함을 깨닫고는 작가가 되고자 했던 자신을 비웃게 되었다. 나를 모르는 인간이 창조수사 된다는 것은 허황되며 인간부터 되어야 진정한 창작도 가능함을 인식한 것이다. 만공 선사가 수도 생활에 방해가 되니 글을 쓰지 말라는 명을 내리기도 했지만 일엽 자신도 이미 그런 깨달음을 얻은 바였다. 그릇에 무엇이 차 있으면 다른 것을 채울 수가 없는 노릇이니 그릇을 말끔하게 비워야 새로운 것을 담을 수 있다.

중요한 것은 마음이다. 행복과 불행도 제 스스로 있는 것이 아니고 사람의 생각이 지어낸 허상이다. 나를 부리던 마음을 붙잡아 내가 부릴 수 있어야 내 생각대로 사는 독립적 인간이 된다. 일체가 마음이다. 마음이 결집되면 이루지 못하는 것이 하나도 없다. 일엽은 "참선이란 참선하겠다는 그 마음의 마음을 알아 얻는 법이며 마음의 마음은 일체의 창조주 곧 불佛이라는 것이오. 불은 정신, 진리, 도, 자성, 마음, 생각 등 무슨 이름을 붙여도 되는 광범위한 대명사로, 귀의불歸依佛이 곧 귀의자성歸依自性이니 성불하는 순간 불변적 안도감과 더불어 무한대의 생명력을 얻게 되는 것이오"라는 만공 선사의 법문을 듣고 크게 발심하였다. 한마음으로만 보면 내 마음대로 안 되는 것이 없음을 깨달았으니 이는 곧 모든 것이 마음에 달렸음이 아니겠는가.

성불의 길이 조금은 더디어도 좋아요

일엽은 오직 정진에만 힘을 쏟으며 속세와는 아무런 교류도 없이 지내고 있었다. 그러던 어느 가을날 큼지막한 소포 하나를 받았다. 열어 보니 B가 쓴 불교 철학에 관한 책 세 권과 번역한 경전 세 권이 들어 있었다. 발신인이 없어도 글씨를 보고 보내준 이가 누구인지 알 수 있었다. 그리고 그해 겨울 어느 비구니 편에 다시 약 한 보따리를 받았다. 일엽이 병약하다는 이야기를 들은 그가 보약을 지어 보낸 것이다. 그러고는 이듬해 봄에는 기침 날 때 먹으라고 캐러멜을 보내기도 했다. 오랫동안 괴로움을 주었던 사람, 입산 후에는 저만치 밀어두었던 사람, 선물을 받고도 인사도 접을 만큼 거리를 두었던 사람의 따스한 마음이 연거푸 느껴지자 일엽은 마음이 흔들렸다. 그러다 마침내 '수도승도 인간이다. 인간이 인간에게 정을 나누는 것이 무슨 허물이냐' 하는 생각에 이르자 억제해왔던 정을 하소연하는 편지를 보낸다. 몇 장에 달하는 긴 편지에서 몇 줄만 읽어보자.

나의 영육을 어루만져주던 당신의 손길이 다시 그리워져서, 20년 전의 내 방, 당신의 손때 묻은 북향 미닫이를 밀고 닫던 당신의 그 손길이 지금 승당 안 내 방 미닫이를 열고 내 누운 곁에 슬그머니 앉아주시는, 이루어질 가망도 없는 허망한 그 기쁜 광경을 눈물지으며 그려보게 됩니다.

성불의 길이 조금은 더디어도 좋아요! 당신이 웃으며 그 부드러운 손으로 어루만져주시는 즐거움을 한번이라도 맛보여주실까 바라는 애달픈 마음은 성불 다음가는 희망일 뿐입니다.

나는 아직 중생심을 여의지 못했으므로 사적私的 정의 불길이 일어난 것입니다. 지금의 나는 그 옛날과 같이 오래도록 울기만 하고 있을 어리석음은 좀 면하게 된 비구니입니다. 아무튼 두 번의 실연의 고배는 마시기 싫습니다. 더구나 속정俗情의 사랑이 아니오 무가보無價寶를 떼어 바치는 가장 귀한 사랑입니다.

이 편지 답장 아니 주시면 당신의 마음을 알겠습니다. 그때는 쓴웃음을 한 번 웃고 나서 더 이상 괴롭게 구는 여인이 되지 않으렵니다.

'성불의 길이 조금은 더디어도 좋다.' 깨달음을 얻고 부처가 되고자 들어선 길에서 그 목표가 늦어져도 좋다니, 이보다 절실한 사랑의 고백이 또 있을까? 입산수도한 지 13년이나 되고 어언 40대 중반에 접어든 비구니로서 막상 그런 편지를 쓰고 나니 일엽은 그간의 정진이 모두 헛된 것이었나 스스로 의심한다. 그러나 갈등하면서도 그리움의 마음은 달랠 길이 없었다. 길고 긴 기다림 끝에 드디어 편지가 왔다. '존재의 인연을 모두 끊고 생사의 자유를 얻어야 한다, 참회 기도를 하고 더욱 정진에 힘쓰라'는 냉정한 편지가 발신인도 주소도 없이 왔다. '괴로움의 근원인 정을 떼어버리기 위해 이별주 한 잔을 청하는 마음으로 보낸 편지였다' 며 다시 답장을 쓰던 일엽은 그제야 오히려 마음의 태평함을 얻었다. 남을 지도하는 입승이라는 자리에 앉아 마음속으로는 옛 애인을 생각하는 마음으로 들떠 있었으나 부끄럽거나 죄책감이 들지는 않았다. 그리움이

나 정과 같은 감정이 구름이 일었다 사라지는 것처럼 일시적이며 쉬 스러져버릴 것임을 확실히 알고 있었기 때문이다.

그는 사랑으로 함께했으나 냉정한 이별로 불문에 들게 한 더 큰 사랑을 베푼 사람이었다. 세상에 대한 미련이 있다면 오직 한 사람 그에 대해서뿐이었다. 그와 헤어진 지 20년이 지난 후에 일엽은 그와 남남이 되어 그 긴 세월은 어찌 시냈는지 참으로 '슬픈 기적'이라고 술회하였다. 마음속에 두 번째로 일어난 극렬한 사랑을 못 견뎌하고 있는데 그는 무심한 뒷모습만 보여줄 뿐이었다.

나는 아무래도 그 품에 한 번쯤, 단 한 번이라도 안겨보고 난 후라야 비구니의 정신으로 돌아올 것만 같으니 어찌하면 좋습니까?

간절한 마음을 편지에 담고 나서 일엽은 비로소 정신을 차리고 자신을 돌아보았다. 이 청춘을 불사르지 못하면 생사를 초월한 영원한 청춘을 얻을 수 없다. 생각이 여기까지 이르자 그간의 연연하는 편지를 찢어버릴 수 있었다. 잠시 마음속을 혼미하게 했던 그리움도 잠잠해지고 냉정한 편지를 보내준 그에게 도리어 감사의 마음이 일어났다. 옛 연인과의 자리에서 결연주가 될지도 모를 위험한 이별주를 청하던 일엽은 다시 제자리로 돌아와 성불의 길에 동행하는 벗이자 동지로 남기로 결심하고 백련의 자리에서 마음을 정리한 글을 보낸다. 한때 흔들리는 마음은 정진에서 위기이기도 했으나 믿음과 존경을 회복하며 피차 완인의 경지를 기원하기로 결심한다.

두 사람은 그토록 그리워하면서도 서로의 길을 방해하지 않으려고 극도의 자제심을 가지려 애썼다. 그러나 아무리 참으려 해도 그리움의 불길을 차마 끌 수 없는 깊은 인연이었던 모양이다. 수년이 흐른 후 일엽이 흔들리는 마음을 겨우 다잡고 제자리에 돌아와 정진할 때 그는 다시 자신의 회갑 기념 논문집과 함께 한 봉의 서신을 보내왔다. 수도자의 길을 가는 데 가장 어려운 것이 '사랑의 고개를 넘는 일'이라 한다. 두 사람은 조강지처를 사모하듯 혹은 헤어진 남편을 기다리듯 평생 서로를 그리워했다. 그리움의 불길이 너무도 강하여 한때 세속에서의 소박한 삶을 꿈꾸기도 했다. 그러나 두 사람 다 자기를 알아가는 공부의 길이 중하다는 철저한 의지를 갖고 있었고 인간의 사랑보다 더 큰 대아적 사랑을 지향하고 있었기에 그토록 절절한 사랑의 인연을 끊으려 온 힘을 기울였다. 그래서 한 사람은 비구니계의 모범적인 스님이 되었고 한 사람은 불도와 현실계의 큰 사업을 성공적으로 수행할 수 있었다.

일엽은 무려 27년이라는 긴 세월 동안 견성암에서 입승을 지내며 비구니로서의 참 면모를 보였다. 또한 덕숭산 비구니 총림원을 건립하기 위해 애썼고 기금을 마련하고자 이광수의 소설 《이차돈의 사》를 희곡으로 각색해 국립극장에서 공연하는 작가적 역량도 보여주었다. 한국 불교사의 가장 대표적인 비구니 중 한 분으로 큰 발자취를 남겼을 뿐 아니라 《청춘을 불사르고》를 비롯해서 《어느 수도인의 회상》, 《행복과 불행의 갈피에서》, 《미래세가 다하고 남도록》 등의 저서를 통해 불교 문학의 새로운 장을 열었다.

1910년 14세에 이미 출가한 백성욱은 독일에서 철학 박사 학위를 취득한 뒤 귀국하여 《불교》지 등에 글을 발표했다. 일엽과의 짧은 만남 이후 금강산에서 단신 수도에 들어가 《대방광불화엄경大方廣佛華嚴經》을 제창 하면서 많은 논문을 남겼다. 1930년에는 금강산 지장암에서 회중 수도 를 8년간 계속했고 1945년 광복과 농시에 애국 단체인 중앙공작대를 지 도하여 민중 계몽 운동을 했다. 1946년부터는 이승만을 중심으로 한 건 국 운동에 참여했고 1950년 내무부장관에 임명되었으며 1952년에는 부 통령에 입후보하기도 했다. 1953년 동국대학교 총장에 취임했고 동국대 학교 대학원에서 《금강삼매경론》, 《보장론》, 《화엄경》 등을 강의하며 한 국 불교사에 중요한 업적을 남기고 1981년 입적하였다. 그는 삼생 전의 인연으로 이번 생에서 남녀로 만났으니 더욱 정진하여 다음 생에서는 남 자로 태어나 절대 헤어짐이 없는 영원한 벗으로 동행하자며 '우리의 사 랑은 사랑의 극치에 이르렀을까요?'라는 물음으로 편지를 맺었다.

평범한 사람은 생각할 수도 따를 수도 없는 사랑의 모습이다. 사랑 하는 사람들이 생각하고 행하는 일반적인 행로와는 전혀 다른 길을 걸어 간 두 사람을 통해 불법의 오묘함과 절대 진리를 탐구하는 강인한 자세 를 엿볼 수 있다. 현실에 사는 대중들의 삶에서는 진아가 아닌 거짓되고 삿된 나가 주인이 되어 진정한 자유로 나아가지 못하도록 막고 있는 것 과는 다른 지고한 삶의 경지다. 만공 선사에 의하면, 나라는 의의는 절대 자유로운 데 있는 것으로 모든 것은 내 마음대로 자재할 수 있어야 할 것임에도 불구하고 인간들이 어느 때, 어느 곳에서도 자유가 없고, 무엇 하나 임의로 되지 않는 이유는 망아妄我가 주인이 되고 진아가 종이 되어 살아가는 까닭이라고 한다. 두 사람의 만남은 현재 우리가 쓰고 있는 마음, 곧 사심에서 벗어나 부족함이 없는 나인 진아로 나아가야 하는 절대 진리를 실천하려는 의지가 속세의 사랑을 극복한 경우였다.

그리움을 접고 흰 연꽃으로 피어나다

1920년대. 이 땅에 새로운 문명이 들어오기 시작하던 시대에 일엽이라는 독보적인 여성이 있었다. 당대 최고의 작가이자 여성운동가로 한 시대를 이끌어가던 대단한 여성이 불현듯 화려한 생활을 접고 불교에 귀의한 것이 오랫동안 이해되지 않았다. 진보적이고 전위적인 이상을 포기하고 시대와 타협한 것으로 여겨지기도 했다. 그러나 세상의 이념을 좇으며 열심히 실천적 의지를 펼치다가 삶의 끝에는 과연 무엇이 있는가 하는 근원적인 질문과 맞닥뜨린 그의 고민과 갈등에 이제는 공감할 수 있다. 더불어 불교에 귀의하여 참 나를 찾으려 했고 그 외롭고 힘든 수행의 길을 열심히 걸어간 비구니로서의 생이 얼마나 고결하고 의미 있는 삶이었는지도 조금은 알 것 같다. 갈 곳을 모른 채 하염없이 길 한가운데 서 있는 나약한 인간의 자리를 깨닫는 순간 문제를 해결하기 위한 새로운 길을 택하는 것이야말로 인간으로서의 참된 자세다. 옳은 길이 아님을 알았을 때는 돌아가야 하고 돌아갈 길이 없다면 새 길을 만들어야 하는 법이다. 너무나 멀리 떨어져 보이는 여성운동가와 승려 사이의 거리가 실은 한자리임에랴. 어디서 무엇을 하든 진아를 찾아가는 도정에 있다면 이 자리에 있든 저 자리에 있든 무슨 차이가 있단 말인가. 어느 자리에서 진아를 찾는 일에 더욱 정진할 수 있는지를 깨달았다면 그 길로 나아가는 것이 진실한 인간의 모습이 아니겠는가.

20년 전 여성 문학을 전공하는 젊은 여성학자였던 나는 여성 작가이자 여성운동가인 일엽은 존경했으나 세상을 등지고 산속으로 들어간 승려 일엽을 받아들이는 것이 쉽지 않았다. 당대를 대표하던 신여성들의 치열한 삶과 비구니로서 일엽의 삶이 대조되어 보였다. 조선 최초의 페미니스트이자 여성 화가였으나 이혼당하고 거리에서 죽어간 나혜석, 사랑도 이상도 이룰 수 없는 절망에 빠져 조선으로 향하던 배에서 현해탄에 몸을 던진 조선 최초의 성악가 윤심덕, 동경의 정신병원에서 고통스럽게 죽어간 여성 작가 김명순 등의 삶과 비교해볼 때 승려라는 삶은 현실에서 벗어난 삶 혹은 심하게 말하자면 현실에서 도피한 삶이자, 여성운동가의 변절처럼 느껴지기도 했던 것이다. 그러나 일엽의 불교적 입장에서 본다면 당대 신여성들의 죽음은 어디서 와서 어디로 가는지를 끝내 알지 못한 채 방황하던 중생들의 마지막 자리였다. 그러니 우리가 평생 추구하는 문학이나 여성운동이나 자아실현이라는 이상이 내 마음의 자리를 제대로 찾지 못한 채 이루어진다면, 그것은 마치 신기루처럼 생의 어떠한 기쁨도 전해주지 못할 것이다.

불교라는 심오한 종교에 관해 나는 아무것도 모른다. 그저 일엽 스님의 글을 통해 그가 가고자 했던 길을 따라가며 생의 온갖 복잡한 인생사를 어떻게 풀어야 진아를 만나 깨달음의 자리에 도달할 수 있는지를 조금 생각해보았을 뿐이다. 그런 과정에서 한 사람이라는 작다면 작고 크다면 큰 존재가 갖는 의미를 궁구해볼 따름이다. 특히 인생에서 가장 아름답고 행복하고 슬프고 괴로운 사랑이 어떻게 참 나를 찾아가는 길에 연결되었는지도 함께 생각해보았다.

어느 누구도 할 수 없는 깊고 열정적인 사랑을 했던 신여성 김원주가 승려 일엽으로 거듭나는 과정은 살아 있는 불도의 탐구 과정 그 자체였다. 윤회의 진흙탕 속에서 피어나 순수하고 완전한 형태로 우주의 중심축을 상징하는 연꽃처럼, 백련도엽이란 호를 가진 일엽 스님이 지향하는 정신세계 또한 그토록 정결하다. 나와 남이 하나이니 사랑과 이별도 둘일 리 없다. 사람들이 그것을 깨닫지 못하고 지금 이 순간에도 나인 남에게 집착하여 스스로 고를 만들어 도의 길로 나아가지 못하고 있으니 일엽 스님의 낮은 목소리에 귀를 기울일 일이다. 모든 것을 버려야 모든 것을 얻을 수 있다. 아무것도 쥐지 않은 빈손이 되어야 무엇이라도 잡을 수 있다. 그리하여 마침내 도달하는 곳은 완전히 자유로운 '진정한 나'의 자리인 것이다.

"이 미물은 과도한 사랑과
서로의 육체를 사용해 얻던 엄청난 쾌락이
하느님을 불쾌하게 만들었던 사실을 잘 안다고 남편에게 말했어요."

종 교 인 의
연   애

마저리 & 그리스도

성속 합일의

에로스

성해영

서울대학교 외교학과를 졸업하고, 같은 학교 대학원에서 종교학 석사학위를 받았다. 미국 라이스 대학에서 종교심리학과 신비주의 연구로 박사학위를 받았다. 현재 서울대학교 인문학연구원 교수로 재직하며 종교심리학과 신비주의, 종교체험에 대한 연구를 하고 있다. 지은 책으로 《A Happy Pull of Athene: An Experiential Reading of the Plotinian Henosis in the Enneads》《종교, 이제는 깨달음이다》(공저), 《문명의 교류와 충돌》(공저), 《생각해 봤어? 2》(공저) 등이 있고, 주요 논문으로 〈프로이트 정신분석학과 탄트라의 종교 사상 비교〉〈수운(水雲) 종교체험의 비교종교학적 고찰〉〈신비주의의 관점에서 바라본 간화선(看話禪): 종교체험과 수행 개념을 중심으로〉 등이 있다.

세속적인 사랑과 초월적인 사랑

다른 이들보다 종교인의 사랑과 연애가 우리의 관심을 끄는 이유는 무엇일까? 아마도 종교인은 이성異性보다는 신과 같은 초월적 존재나 종교적 진리를 더 사랑하는 사람이라는 인식 때문일 것이다. 달리 말해 종교인은 세속적인 사랑, 특히 성적인 사랑을 멀리해야 한다는 생각이 지배적이다. 그런데 우리는 왜 종교인이 세속적이거나 육체적인 사랑을 멀리하고, 이른바 초월적인 차원의 존재와 사랑을 해야 한다고 인식하게 되었을까?

우리는 주변에서 금욕적 수행을 하거나, 아예 평생을 독신으로 지내는 종교인을 쉽사리 만날 수 있다. 불교의 승려나 가톨릭의 신부와 수녀가 되기 위해서는 독신 서원誓願이 필수 요건이다. 이뿐만 아니라 결혼을 하지 않고 심산유곡에서 도를 닦는 구도자의 이미지 역시 우리에게 익숙하다. 금욕주의asceticism는 종교 창시자에게서도 흔하게 발견된다. 예수가 결혼을 하지 않았다거나 싯다르타가 구도를 위해 처와 아들을 버린 후 평생 금욕 수행을 했다는 사실 등이 대표적이다. 이런 맥락에서 신라의 고승 원효가 깨달음을 얻은 후 돌연 요석 공주와 사랑을 나누고 설총을 회임시켰다는 사실은 한국 불교사에서 매우 이례적인 일로 비친다. 결국 이 모든 사례는 종교와 성적 금욕 간의 거리를 여실히 보여준다.

그렇다면 왜 종교인은 세속적인 남녀 간의 사랑을 멀리하는 것일까? 이성과 나누는 육체적인 사랑은 종교와 양립할 수 없는 그 무엇일까? 즉 이성과의 사랑은 신을 사랑하고, 도를 깨우치고, 깨달음을 얻겠다는 종교적 목적을 가로막는 걸림돌에 불과한 것일까? 만약 실제로 그러하다면, 종교와 인간의 세속적인 사랑 사이에 간극이 벌어진 이유는 도대체 무엇일까?

이런 당혹스러운 질문을 신비주의의 관점에서 다루어보자. 특히 이 글은 그녀와 동시대의 인물들뿐만 아니라, 요즘 사람마저도 당혹스럽게 만들었던 중세의 한 여성 신비가에 주목하고자 한다. 중세 영국에서 태어나 종교적인 열정과 기이한 삶으로 이름이 높았던 마저리 켐프^{Margery} Kempe. 1373~1438?가 이야기의 주인공이다. 결론을 미리 말하자면 켐프는 성聖스러움과 인간 성性 사이에 건널 수 없는 심연을 설정했던 당대의 일반적인 통념을 비롯해 참으로 넘어서기 힘들어 보이는 '경계들'을 뒤흔든 인물이었다.

단적인 예를 들어보자. 중세 가톨릭의 많은 성인이 엄격한 금욕 생활로 이름이 높았다면, 누구 못지않은 열렬한 신앙심과 다양한 종교 체험으로 유명했던 그녀는 뜻밖에도 무려 열넷에 달하는 자식을 출산한 유부녀였다. 이 점에서 종교적인 성스러움이 인간의 성sexuality과 사뭇 거리가 있다고 여겼던 이들에게 켐프는 분명히 당혹감을 자아내는 인물이었다. 과연 그녀의 삶은 종교인의 연애와 사랑을 다루는 데 우리에게 어떤 통찰을 가져다줄까? 인간의 성性은 종교적인 성스러움을 구현하는 길에 그저 심대한 장애물에 불과할까? 켐프의 구체적인 삶의 이력을 통해 우리의 호기심과 당혹스러움을 함께 해결해보자.

《마저리 켐프 서》와 수수께끼 같은 여인

켐프의 삶과 생각은 그녀가 1432~1436년경에 구술을 통해 남긴 유일한 저서인 《마저리 켐프 서The Book of Margery Kempe》에서 자세하게 발견된다. 이 책은 그녀의 이야기를 받아 적은 두 사람 덕분에 태어났다. 구술의 생생함을 반영하듯 책에서 켐프는 스스로를 '미물微物. creature' 혹은 '그녀'라고 칭한다. 많은 중세의 여성이 그러했듯이 그녀 역시 글을 읽거나 쓰지 못했던 것으로 추정된다. 그런 이유로 첫 번째 기록자가 사망하면서 채록은 잠시 중단되었는데, 그녀가 지인이자 교구 신부였던 두 번째 기록자를 설득해 작업에 참여시킴으로써 책을 완성할 수 있었다.

켐프의 삶 전체가 그러했듯이, 그녀가 남긴 저서 역시 우여곡절 끝에 가까스로 우리에게 전해졌다. 영어로 기록한 최초의 자서전이라고 평

가되는 켐프의 저서는, 다른 문헌들이 간접적으로 발췌해 소개한 덕분에
그 존재가 확인되었으나 원본은 한참 동안이나 찾을 수 없었다. 그러다
가 20세기 초 우연한 기회에 한 개인 소장가의 장서에서 발견되면서 세
상에 널리 알려진다.

《마저리 켐프 서》는 1934년 윌리엄 버틀러보던William Butler-Bowden 의
부엌에서 우연히 발견되었다. 그 후 현대 영어로 번역되어 1936년에 처
음 출판되었고, 1940년에는 중세 영어판으로도 선을 보였다. 원본이 발
견되기 전 《마저리 켐프 서》는 내용의 일부만이 짧게 편집되어 다른 책
속에 전해진 탓에, 그녀는 동시대의 여느 여성 신비가와 다름없는 경건
한 종교인으로 알려져 있었다. 그러나 원본이 발견된 이후에는 책에 담
긴 기이한 종교 체험과, 종교적 열정을 갑작스러운 울음이나 고함 등으
로 표현하는 그녀의 독특한 태도 때문에 켐프의 위상은 재조명되기 시작

했다. 시간이 지나면서 감격과 열정에 겨워 때와 장소를 가리지 않고 터져 나온 그녀의 울음과 고성은 히스테리, 산후우울증, 조울증 등의 정신 질환에서 발견되는 전형적인 징후로 해석되기도 했다.

《마저리 켐프 서》는 중세에 절대적인 약자였던 여성, 더군다나 학식이 전혀 없는 문맹 여성의 생생한 육성을 직접 들을 수 있는 희귀한 텍스트다. 켐프는 자신의 책에서 삶의 이력과 그녀가 맺었던 다양한 인간관계, 기이할 정도로 비일상적인 종교 체험, 또 성지를 순례하며 경험한 당대의 여러 정황을 꾸밈없는 태도로 자세하게 전하고 있다. 그런 이유로 우리는 이 책을 통해 중세의 다양한 생활상을 비롯해 교회와 남성 성직자의 권위 속에서 여성의 종교적 정체성이 만들어지는 과정을 자세하게 엿볼 수 있다. 특히 그녀의 비범한 종교적 체험이 불러일으킨 여러 가지 논란은 당대의 사회상을 여실히 보여준다. 물론 그녀가 남긴 삶의 기록들이 실제로 일어난 역사적 사실인지 여부를 검증하기란 불가능에 가깝다. 그녀의 진술을 구체적으로 검증할 문헌 자료가 절대적으로 부족하기 때문이다. 그러나 자신의 삶을 구술로라도 기록해 남겼다는 것은 당대의 여성들에게 매우 예외적인 사건임에 분명하다.

《마저리 켐프 서》에 묘사된 그녀의 개략적인 삶은 다음과 같다. 켐프는 교역과 상업 활동으로 번성했던 영국의 도시 린에서 1373년 출생했고, 아버지 존 브룬햄John Brunham은 부유한 사업가이자 관록 있는 정치가로 명망이 높았다. 존 브룬햄은 린의 시장을 다섯 번이나 역임했던 영향력 있는 인물이었다. 좋은 집안 배경 덕분에 켐프는 스무 살이 갓 넘은

1393년에 부유한 사업가이자 나중에 린의 시의원을 지냈던 존 켐프John Kempe와 결혼한다.

첫아이를 출산한 직후 켐프는 극심한 죽음의 공포를 느끼고 고해 신부를 불러 자신을 오랫동안 괴롭혔던 죄를 고백하려 했다. 그러나 신부가 고해를 듣기도 전에 그녀를 심하게 비판하는 바람에 충격을 받고 심각한 정신 질환을 앓게 된다. 이후 6개월이 넘도록 자해 행위를 하는 등 심각한 광기를 보이다가, 어느 날 갑작스럽게 찾아온 그리스도의 환상vision을 보고 극적으로 질환에서 회복된다. 기록에 따르면 밤낮으로 묶여 있던 그녀에게 보랏빛 비단 망토를 두른 그리스도가 가장 품위 있고 아름답고 온화한 사람의 모습으로 나타나 은총에 가득 찬 표정으로 침대 곁에 앉아서 다음과 같이 말했다는 것이다. "딸아, 왜 너는 날 버렸느냐? 나는 너를 결코 버리지 않았노라"(I권. 1장. 36쪽, 《마저리 켐프 서》, 정덕애 옮김, 황소자리, 2010). 이후 기적적으로 회복한 그녀는 본격적인 영적 구도의 길을 밟는다.

그러나 애초의 결심과 달리 몸이 회복된 후 얼마 지나지 않아 그녀는 예전의 오만함에 다시 빠졌다. 또 물질적 욕심과 자신의 허영심을 채우기 위해 값비싼 옷을 입고 다녔으며, 양조장과 방앗간도 직접 운영한다. 하지만 마치 계획된 섭리처럼 뜻하지 않은 사건과 불운으로 두 사업모두 실패로 돌아가고, 그 이후에야 비로소 영적인 길로 접어들게 된다. 그녀의 삶의 여정에서 두드러지게 나타나는 몇 가지 특징적인 모습을 좀더 자세하게 살펴보자.

'성^聖스러움'과 '성^性스러움' 사이에서

영적인 길을 본격적으로 추구하게 된 그녀에게 무엇보다 가장 큰 고민은 유부녀인 탓에 불가피했던 남편과의 성생활이었다. 신심이 더욱 깊어진 40세 이후에 켐프는 마침내 남편과 더 이상 성관계를 갖지 않기로 결심했다. 기록에 따르면 어느 날 그녀는 남편과 침대에 누워 있다가 불현듯 매우 아름답고 감미로운 소리를 듣는다. 그리고 그 사건을 계기로 기이하게도 성욕이 말끔하게 사라졌다고 증언한다.

> 그 이후 그녀(마저리 켐프를 의미함)는 남편과 성교를 하고자 하는 욕망이 완전히 없어졌어요. 혼인 빚을 갚는 일이 그녀에게는 너무나 경멸스러워서 강요받는 경우를 제외하고는 자발적으로 성교에 동의하느니 똥오줌을 먹고 마시고 시궁창에서 뒹구는 것이 낫겠다고 생각했어요(I권. 3장. 41쪽).

유부녀로 무려 열네 명이나 되는 자녀를 낳은 그녀에게 남편과의 성생활이 종교적 헌신에 걸림돌이 되는 매우 혐오스러운 무엇으로 변모했던 것이다. 그러나 이 시점은 이미 열 명 이상의 자녀를 낳은 후였으므로 이 일은 누가 보아도 대단히 이례적인 사건일 수밖에 없었다. 특히 마른하늘에 날벼락처럼 갑작스러운 통고를 받은 그녀의 남편에게는.

그녀의 증언에 따르면 금욕함으로써 육체적 정결함을 지키겠다는 희망은 남편의 성욕을 없애달라는 켐프의 간절한 기도를 하느님이 들어줌으로써 가능해졌다(I권. 9장. 55쪽). 덧붙여 그녀는 자신의 재산권을 남편에게 양도하고, 매주 금요일 술과 고기를 남편과 함께 먹겠다는 현실적인 타협안을 제시한 후에 어렵사리 순결 서약을 쟁취한 것이다. 켐프는 마지못해 의견을 받아들인 남편과 함께 교구의 신부 앞에서 금욕 생활을 할 것을 서약한다.

그렇다고 켐프가 그간의 성생활에서 아무런 기쁨도 얻지 못했기 때문에 이를 끔찍이도 싫어했던 것이라 오인해서는 곤란하다. 켐프가 책에서 분명하게 토로하고 있듯이 남편과의 성생활은 그녀에게 커다란 기쁨을 주는 일이었다.

> 이 미물은(마저리 켐프를 의미함) 남편에게 순결하게 살자고 종종 권유하면서, 과도한 사랑과 서로의 육체를 사용해 얻던 엄청난 쾌락이 하느님을 불쾌하게 만들었던 사실을 잘 안다고 말했어요. 그리고 이제는 상호 동의하에 육체의 욕망을 절제함으로써 스스로를 벌주고 혼내는 것이 좋겠다고 말했죠(I권. 3장. 41쪽).

이 인용문은 켐프가 인간의 성적 기쁨이 종교적 구원에 걸림돌이 된다고 간주했던 당시의 지배적인 종교 교리에 지대한 영향을 받았다는 점을 분명하게 보여준다. 켐프는 남편과의 합법적인 성관계마저도 종교적 차원에서는 환영받지 못한다고 여겼던 것이다. 나아가 '서로의 육체를 사용해 얻던 엄청난 쾌락'이야말로 더더욱 하느님께 불쾌한 것이라는 입장을 보인다. 즉 육체적 기쁨이 클수록 더 바람직하지 않다는 주장이다.

그러나 남녀 간의 사랑과 성생활의 기쁨을 그녀가 그저 싫어했던 것만은 아니었음을 보여주는 다른 사례가 있다. 성욕이 사라지고 성관계 자체를 혐오하기 시작한 지 2년쯤이 지난 후였다. 켐프가 "좋아하던 어떤 남자"가 그녀를 유혹해 동침하기를 요구했고, 유혹에 흔들린 켐프는 고민 끝에 허락하지만 그새 마음이 변한 남자는 뜻밖에도 그녀의 요구를 거절한다. 마음의 상처를 입은 켐프는 다시 그 남자를 찾아가 "자신을 가질 것에 동의하는지" 알아보려 했으나, 이미 입장을 바꾼 남자는 "이 세상 모든 보물을 다 주어도 하지 않겠다, 그러느니 차라리 파이 속에 들어갈 고기처럼 잘게 난도질을 당하겠노라"고 답하더라는 것이다.

남자가 왜 그런 변덕을 부렸는지는 켐프에게도 끝내 알 수 없는 의문으로 남았지만, 그가 준 모욕감 때문에 성생활을 멀리하려던 자신의 결심이 얼마나 나약한지를 깨닫고 더욱 겸손해졌다는 일화로 소개하고 있다. 요컨대 이 사건으로 심한 모욕감과 창피를 당한 그녀는 깊이 참회하며 순결의 결의를 더욱 다지게 되었다는 것이다(1권. 4장. 45~46쪽). 사건의 과정과 결말이 어찌되었든 이 일은 남자와의 육체적 사랑이 켐프에게 혐오감만을 주는 것은 아니었다는 점을 간접적으로 알려준다.

이어서 켐프는 인생의 후반기에 이르러 남편을 돌보게 된 일을 회고한다. 늙은 남편이 계단에서 굴러 떨어져 다치는 바람에 대소변도 잘 가리지 못하게 되자 그녀는 그가 임종을 맞이할 때까지 몇 해 동안 보살피게 되었다. 켐프는 순결의 서약을 맺고 예루살렘 등 여러 곳으로 성지 순례를 떠나면서부터 남편과 따로 살았는데, 이 사고 이후에는 그를 보살피기 위해 함께 지냈다. 그녀는 남편을 보살피는 일이 쉽지 않다고 느낄 때마다 자신의 결의를 다지기 위해 젊은 시절을 회상하는데, 이 과정에서 예전에 남편과의 성관계가 즐거웠음을 솔직하게 고백하고 있다.

젊은 시절에 어떻게 그녀가(마저리 켐프) 그의 육체에 대해 과도한 사랑과 욕망을 느끼며 수없이 즐거운 상상을 했는지 홀로 회상할 때를 제외하고는요. 그녀는 같은 육체를 매개로 하여 자신이 벌을 받는다는 사실에 기뻐했어요(I권. 76장. 310쪽).

켐프의 주장은 남편과의 성생활에서 느꼈던 기쁨이 죄스러웠기에, 그 응보로 늙은 남편을 기꺼이 보살피는 일종의 '처벌'이 당연하다는 논리이다. 성생활의 기쁨이 클수록 종교적 차원에서는 더 큰 죄이기 때문에 그 벌로 힘든 일을 겪어야 한다는 것이다. 비슷한 맥락에서 켐프는 처녀성virginity을 강조하던 당대의 지배적인 교리를 그대로 수용해, 그녀가 결혼으로 인해 처녀성을 상실했다는 사실을 크게 슬퍼한다.

제가 처녀가 아닌지라, 처녀성이 없는 것은 제게 큰 슬픔입니다. 제가 세례반洗禮盤에서 내려졌을 때 바로 죽었더라면 당신을 결코 불쾌하게 만들지 않았을 것이고 그리하였다면, 축복받으신 주님, 당신께선 제 처녀성을 끝없이 가지실 수 있었겠지요(I권. 22장. 104쪽).

켐프의 처녀성에 대한 강조, 특히 여성의 육체적 순결을 강조하는 것은 인간의 성^性이 종교적 성스러움의 실현에 걸림돌이 된다는 당시의 기독교 교리에서 영향을 받았음에 분명하다. 유부녀인 그녀가 남녀 간의 육체적 사랑이 주는 희열을 몰랐던 것은 아니었지만, 켐프에게 이성과의 육체적 사랑은 반드시 신과의 사랑으로 발전해나가야 할 무엇이었다. 그러니 신과의 사랑으로 완성되지 못하는 남녀 간의 '에로틱^{erotic}'한 사랑은 불완전할 수밖에 없었다. 다시 말해 육체를 지닌 남편과의 사랑은 어느 때인가는 신과의 사랑으로 변화해야만 했다.

신과의 신비주의적 결혼

켐프는 중세의 대표적인 여성 신비가^{mystic}의 한 사람으로 손꼽힌다. 수십 년 동안 그리스도와 직접 대화를 나누었다는 주장을 비롯해 켐프가 수시로 경험했던 종교적 환상과 엑스터시 체험은 그녀가 전형적인 신비가였음을 보여준다. 그런데 이 사실은 성스러움과 인간 성^性의 관계를 되짚어보는 데에 중요한 통찰을 제시한다. 익히 알려져 있듯이 신비주의^{mysticism}란 궁극적 실재와의 합일을 종교 생활의 최종 목적으로 삼고, 이를 실현하려는 종교적 경향을 통칭한다. 기독교 신비주의 전통 중에서도 켐프는 신을 신랑으로 그리고 자신을 신부^{bride}로 삼는, 이른바 신비주의적 결혼^{mystical marriage}을 목표로 삼은 신비가였다.

당시의 지배적인 영성이 남성 중심이자 지성^{知性}을 강조하는 주지주의적 신학이었다면, 켐프를 포함한 중세 여성 신비가들의 영성은 시각, 청각 등 감각적 경험과 정서적 측면을 강조하는 특성을 띠었다. 특히 중세 후기의 여성 신비주의는 여성의 몸을 구원의 중요한 통로로 삼았다. 켐프 역시 육체적 감각과 정서를 강조하는 신비주의적 경향에 속했다. 물론 그런 태도가 여성의 육체와 성적 쾌락에 의심의 눈초리를 거두지 않았던 당대의 주류 신학에서 결코 자유로울 수 없었지만.

멀리는 남녀 간의 아름다운 사랑에 빗대어 신과 인간의 사랑을 노래한 구약의 〈아가雅歌〉에까지 거슬러 올라가는 것처럼, 여성 신비가들은 신과의 사랑을 남녀 간의 결혼에 비유하는 이른바 '신부 신비주의'라는 독특한 영성을 발전시켰다. 이는 당대를 풍미하던 남성 중심의 지성적 종교성과는 달리 여성 고유의 감성과 경험에 근거해 신랑인 예수와 결혼하고 신비적으로 합일한다는 내용의 신비주의적 영성으로 변모시킨 것이다. 특히 유부녀로서 적지 않은 성적 경험을 했으리라 여겨지는 켐프의 입장에서는 수녀들과는 달리 세속적이며 육체적인 사랑이 종교적 차원으로 승화되는 것은 자연스러울 뿐만 아니라, 반드시 이루어야 할 과제로 받아들여졌다.

이런 관점에서 그녀에게 신은 저 멀리 떨어진 추상적인 원리나 위압적이며 초월적인 존재로 여겨지지 않았다. 켐프에게 신은 마치 사랑하는 남편처럼 자신을 염려하고 보살펴주며 그녀와 끊임없이 대화를 주고받는 친근한 대상이었다. 켐프는 시종일관 성삼위와 개별적으로 혹은 하나의 통합된 존재로 끝없는 대화를 나누었다고 책에서 주장하고 있다.

그녀는(마저리 켐프) 마치 한 친구가 다른 친구와 신체적 대화를 하듯이 분명하게 그리고 확실하게 하늘의 아버지께서 그녀의 영혼과 어떻게 대화하는지 그에게 이야기했어요. 때론 성삼위 중 두 번째 분이, 때론 성삼위 세 분이 모두 신성이란 하나의 존재로 그녀의 영혼에 말씀하시고 그녀의 신앙과 그의 사랑 안에서 그녀를 깨우쳐주심을, 그녀가 어떻게 그를 사랑하고 공경하며 두려워하는지에 관해서도 이야기했죠(I권. 17장. 86쪽),

그녀는(마저리 켐프) 자기 영혼 속에서 어떻게 하느님을 사랑해야 하는지, 어떻게 그를 경배하고 섬겨야 하는지에 관해 너무나 많은 신성한 생각과 신성한 말과 신성한 대화를 했지요. 그 말의 극히 일부를 제외하고는 다 외울 수가 없어요. 그것은 너무나 신성하고 너무나 고상하여 어떤 사람에게든 그 말을 하려고 하면 그녀는 어쩔 줄 몰랐죠. 자기 육신의 지혜보다 너무나 높은 곳에 있기에 그녀는 자신이 느끼는 것을 육신의 혀로 결코 표현할 수 없었어요(I권. 83장. 343쪽).

특히 신과 나누는 친밀한 대화는 주로 그녀가 어떻게 신을 사랑해야 하는가에 초점이 맞추어져 있다. 그녀의 기록에 따르면 성삼위뿐만 아니라, 성모님을 비롯해 베드로와 같은 성인들 역시 수시로 등장해 그녀와 대화를 나누었다.

때론 성모님께서 그녀의(마저리 켐프) 마음에 말씀하셨어요. 때론 성 베드로, 때론 성 요한, 때론 성 카타리나 또는 그녀가 믿는 천국에 계신 성인 중에서 누구라도 그녀의 영혼에 나타나 그녀가 어떻게 우리 주를 사랑하여야 하는지 어떻게 그를 기쁘게 해야 하는지 가르쳐주었어요(I권. 17장. 87쪽).

이 점에서 신과 보이지 않는 차원의 존재들은 그녀에게서 결코 멀리 떨어져 있지 않았다. 즉 성스러운 세계는 세속의 세계와 항상 중첩되어 있었고, 그 경계는 언제든지 허물어지고 겹쳐지는 것으로 받아들여졌다. 물론 대화의 가장 중요한 주제는 그녀가 주 예수를 어떻게 사랑하고 기쁘게 만들 수 있는가라는 문제였다. 그녀가 지향하는 궁극적인 목표가 성삼위와의 '신비주의적 결혼'이라는 점은 마치 자애로운 남편처럼 그녀에게 속삭여주는 신의 목소리로 거듭 확인된다.

그러므로 나는 너와 다정하게 함께 침대에 누울 것이니라. 딸아, 너는 나를 보기를 간절히 원하니 이제 침대에서 나를 너의 결혼한 남편으로, 가장 소중한 사람으로, 그리고 너의 사랑스런 아들로 대담하게 받아들여라. 나는 어머니에게 사랑받는 아들처럼 네게 사랑받기를 원하고, 선한 아내가 남편을 사랑하듯이 네가 나를 사랑하기를 원하노라. 그러므로 너는 네 영혼의 팔 안에 나를 대범하게 품고 내 입과 머리와 발에 네가 원하는 대로 달콤하게 입 맞추어라. 네가 나에 대해 자주 생각하고 나에게 좋은 일을 하고 싶어 할 때마다 너는 천국에 있는 나의 소중한 몸에 네가 바로 그 일

을 한 듯이 상을 받을 것이다. 왜냐면 나는 네 마음 외에는, 너를 사랑하는
나를 사랑해주는 네 마음 외에는, 다른 어떤 것도 요구치 않기 때문이라.
내 사랑은 항상 너를 위해 준비되어 있도다(I권. 36장. 168쪽).

이렇게 해서 세속의 남편에 대한 사랑은 초월적 차원의 남편인 그
리스도에 대한 사랑으로 변화되었고, 남편과의 성적 결합은 신과의 신비
적 합일mystical union 체험으로 승화되었다. 이제 우리는 중세 여성 신비가
들이 간절하게 꿈꾸었던, 그리스도와의 지복에 찬 결합이라는 경이로운
사건을 목도하게 된다.

물론 이 대목에서 짓궂게 들리긴 하지만, 우리는 그녀의 남편 존 켐
프를 떠올리지 않을 수 없다. 그녀의 이런 변화를 남편은 어떻게 생각했
을까? 그 역시 아내를 신의 목소리를 듣는 탁월한 영성가로 생각했을까,
아니면 도무지 종잡을 수 없는 배우자로 여겼을까? 또 종교적 헌신 때문
에 자신을 멀리하는 아내에게 어떤 마음을 품었을까?

켐프는 한편으로 남편이 성욕을 채우지 못하는 것을 불만스러워했
다고 고백하지만, 동시에 그가 자신을 최대한 이해하고 배려해주었다고
기록한다. 실제로 금욕을 선언한 아내의 의견을 존중해 순결 서약을 했
다는 사실이나, 당시의 여성으로서는 시도하기 어려운 성지 순례를 허락
했다는 점 역시 그녀의 남편이 동 시대의 일반적인 남성과 사뭇 달랐음
을 보여준다. 게다가 남편의 마음이 어떠했는지 정확하게 확인할 순 없
지만, 말년에 앓아누웠을 때 그녀가 몇 해 동안 간병을 했다는 점도 두

사람의 사이가 나쁘지 않았음을 암시한다.

여하튼 남편의 이해와 배려, 그리고 남편 대신 선택한 신이 그녀에게 보여준 각별한 사랑은, 통상 수도원에 고립되었던 당대의 어떤 여성 신비가도 꿈꾸지 못했던 성지 순례라는 위험한 모험을 시도하는 힘이 되었다. 또 켐프가 이 과정에서 남성 중심의 기존 교권에 맞서 자신의 종교 체험과 진실을 끈질기게 주장하는 근거이기도 했다. 그녀는 이렇게 신의 사랑에 힘입어 중세의 여성에게 일반적으로 허락된 공간적·교리적 경계를 넘어서 더 확장된 자기 정체성을 구현하게 된다.

신의 사랑과 경계 가로지르기

신과의 친밀한 관계는 그녀의 일상적인 삶을 여러모로 강력하게 변화시켰다. 남편과의 순결 서약을 포함한 헌신적인 기도, 종교적 인물에게서 위안을 찾으려는 열정적인 노력 등이 대표적이다. 이 중에서도 켐프가 감행한 성지 순례는 당시로서 그 유례를 찾기 어려울 정도로 파격적이었다. 오늘날과 달리 교통과 숙박 시설이 열악하기 그지없고, 치안 상황도 그리 좋지 않았던 시절에 그녀는 여성의 몸으로 평생 종교적 성지를 찾아다녔다.

켐프는 1414년에 예루살렘을 직접 방문한 것을 비롯해 로마·독일·스페인 등 유럽 안팎의 수많은 성지를 찾아 순례했다. 거듭 강조하지만 남편과 가족 없이 모든 순례를 마쳤던 그녀의 열정과 용기는 중세에서 매우 드문 일이다. 심지어 켐프는 환갑이 넘은 나이에 과부가 된 며느리를 그녀의 고향인 독일에 직접 동행해 되돌려 보내주고, 그야말로 온갖 고난을 다 겪은 후에 영국으로 되돌아온다. 켐프는 이 모든 순례 여행에서 겪었던 갖가지 경험과 자신이 느낀 바를 책에서 상세하게 보고한다. 이 과정에서 비일상적인 종교 경험으로 그녀가 알게 된 사실을 주변 사람들과 서슴없이 나누는 바람에 구금을 포함해 개인적인 위기를 숱하게 겪었다는 점은 특히 주목할 만하다.

더구나 당시는 아룬델 칙령이 보여주듯 종교적 검열과 이단에 대한 탄압이 어느 때보다 강력한 시기였다. 캔터베리 대주교였던 토머스 아룬델Thomas Arundel, 1353~1414은 1407년에 칙령을 선포한다. 아룬델 칙령은 존 위클리프John Wycliffe, 1331~1384를 따르는 이른바 롤라드lollard(위클리프가 주창한 평신도 중심의 종교 개혁을 추종하는 사람들)를 막기 위한 목적이었다. 그 주된 내용은 자격을 갖춘 성직자가 설교를 해야 하며, 여성과 평신도를 포함한 다른 누구도 설교를 해서는 안 된다는 것이었다. 또 자국어로 성경을 번역해 사용할 수 없으며, 전통적으로 행해온 성사聖事의 권위를 인정하라는 내용도 포함되었다.

게다가 켐프가 주로 활동하던 시기는 위클리프의 종교 개혁 정신이 글을 쓰고 읽을 수 있는 부르주아 계급에서 활발하게 전개되던 때였다. 그래서 부르주아 출신 여성으로 가는 곳마다 자신의 종교 체험에 입각해 가르침을 전했던 그녀는 롤라드로 몰리는 위기를 끊임없이 자초했다. 또 거센 비난과 함께 군중에게 살해당할 위협도 거듭 겪어야 했다. 특히

| | |

남성 중심 사회에서 자행되었던
중세의 마녀사냥을 묘사한 삽화.
마저리 켐프의 파격적인 종교적 행보는 그녀를
마녀사냥의 위협으로 끊임없이 밀어 넣었다.

롤라드는 여성의 대중 설교를 자유롭게 허용했는데, 이 때문에 공개적인
장소에서 대상을 가리지 않고 자신의 종교 체험과 가르침을 전하는 일을
신의 소명으로 여겼던 켐프는 더 큰 의심과 탄압의 대상이 될 수밖에 없
었다. 그녀는 종교적 헌신의 길을 밟기 시작한 초기에 겪었던 캔터베리
수도원 밖에서의 사건을 자세하게 기록하고 있다.

그녀가(마저리 켐프) 수도원을 나서자 모두들 그녀를 따라오며 소리쳤어
요. "너는 화형을 당할 거다, 가짜 롤라드야! 여기에 너를 위한 가시가 한
마차 가득 있고 너를 화형시킬 기름통이 한가득이야." 이 미물은 캔터베
리 성문 밖에 서 있었어요. 때는 저녁이었고 많은 사람들이 그녀를 보며

궁금해하고 있었죠. 그러자 사람들이 외쳤어요. "그녀를 데려가 화형시키자!" 그래도 이 미물은 꼼짝 않고 서 있었어요. 그녀의 몸은 무섭게 떨리고 경련을 일으켰어요. 이 세상에 어떤 위안도 없었고 남편이 어디로 갔는지도 그녀는 알 수 없었어요(1권. 13장. 68쪽).

여기에다 켐프는 종교적 열정을 주체하지 못해 돌발적으로 터져 나오는 격렬한 울음과 고성으로 찬탄과 더불어 악명이 높았다. 신부들은 그녀가 악령에 사로잡혔다고 비난했고, 일반인은 위선자 또는 정신병자라고 손가락질했다. 때와 장소를 가리지 않는 울음과 눈물 외에도 유부녀인 그녀가 신의 뜻이라고 주장하면서 당시 수녀들에게만 허락된 흰 옷을 입고 다녔다는 사실과 남편과 성생활을 하지 않겠다고 공개적으로 맺었던 순결 서약 등도 켐프를 더욱 위험스러운 존재로 부각시켰다.

하지만 켐프는 이런 위협에도 위축되지 않고, 교구의 신부를 포함해 교단의 성직자에게 자신의 진실성을 호소하기 위해 동분서주했다. 또 당시 여성 신비가로 이름 높았던 노르위치의 줄리안Julian of Norwich, 1342~1416 등 여러 수도자들을 직접 찾아가 자문을 구하고 그녀의 독특성을 인정받고자 노력했다. 동시에 성삼위와 대화한다는 사실을 숨기려 들지 않았고, 자신을 지극하게 사랑하고 보살피는 신의 직접적인 가르침에 기대어 성직자들과 논쟁하기를 멈추지 않았다. 그녀는 가는 곳마다 자신이 받은 계시에 입각해 성직자들과 주변 사람들의 잘못된 신앙생활을 통렬하게 꾸짖었고, 신이 보여준 미래를 알려주었다. 그녀의 거침없는 언

| | |

여성 신비가로 명성이 높았던 노르위치의 줄리안 석상.
켐프는 정신병자, 악령에 사로잡힌 자라는
비난에 직면하자 줄리안을 찾아가 자문을 구한다.

행은 수많은 갈등과 위험을 야기했지만, 켐프는 이 모든 비난과 시련, 그리고 그녀가 겪은 숱한 질병의 고통을 그리스도가 그녀를 지극히 사랑하기 때문에 주는 선물로 받아들였다.

요크의 대주교 앞에서 그녀가 심판받을 때의 일이다. 대주교는 그녀에게 "내 교구 안의 사람들을 가르치거나 그들에게 반대하지 않겠다고 맹세하여라"고 요구하면서 대중 앞에서 그녀의 체험 등을 설교하지 말 것을 엄중하게 명령했다. 그런데도 그녀는 거부의 뜻을 단호하게 밝히면서 다음과 같이 답했다.

저는 교황님과 교회가 사람들이 하느님에 대해 감히 말하는 것을 금지하지 않는 한 저는 어디로 가든지 하느님에 대해 말하고, 욕을 퍼붓는 이들

종교인의 연애

을 야단치겠어요. 전능하신 하느님은 그분에 대해 우리가 말하는 것을 금지하지 않으시니까요. 그리고 복음서에도 나와 있듯이, 한 여인이 우리 주님께서 설교하시는 것을 듣자 그녀는 그분에게 큰 목소리로 '당신을 낳은 배와 당신을 먹인 가슴에 축복이 있길 바랍니다'라고 말하며 다가왔었죠. 그러자 우리 주님께서는 그 여인에게 말씀하셨어요. '하느님의 말씀을 듣고 이에 따르는 이들 역시 복되도다.' 그러므로 대주교님, 제 생각에 복음서는 하느님에 대해 말하는 것을 허락하고 있답니다(I권. 52장. 226쪽).

요컨대 켐프는 여성이 자유롭게 돌아다니기 어려운 시절에 성지 순례를 감행해 당대의 여성에게 허락된 '공간'의 경계를 용감하게 넘어섰다. 또 종교 재판의 위험이 생생하게 살아 있을 시기임에도 불구하고 종교적 문제를 둘러싸고 벌어진 교단과의 갈등 역시 피하지 않음으로써 통념적으로 인정되던 '교리'의 경계를 넘나들었다.

그녀의 과감한 경계 가로지르기는 바로 남편과의 사랑이 금욕과 순결 서약을 통해 신과의 직접적인 사랑으로 변모했기 때문에 가능했다. 신과의 친밀한 대화에서 신비적 결합에 이르는 일련의 종교 체험이 그녀에게 흔들리지 않는 중심이 되었고, 핵심은 결국 초월적 차원으로 '승화'된 사랑이었다. 또한 이때의 초월은 주지주의적 신비주의와 달리 그녀의 육체를 떠나지 않는 에로틱한 신비주의로 정서적 성격을 강하게 띠고 있었다.

이 대목에서 기독교 신비주의의 원천으로 일컬어지는 플라톤으로 대화의 초점을 옮겨보자. 특히 플라톤의 에로스 이론은 신에 대한 종교적 사랑이 이성에 대한 성적인 사랑과 미묘한 관계를 맺고 있다는 점을 명료하게 보여주기 때문에, 켐프의 종교적 여정을 훨씬 더 잘 이해하도록 도와줄 수 있다.

플라톤과 에로스의 승화

플라톤의 중기 대화편 중 하나인 《향연》은 소크라테스와 그를 흠모하는 아테네의 젊은이들이 함께 술을 마시며 에로스 신을 찬미하는 사건을 자세하게 다룬다. 화자話者들은 각자의 입장에 따라 에로스를 다양하게 묘사하는데, 대화가 무르익어 종반에 가까워지면서 에로스의 진면목이 점차 드러난다. 특히 소크라테스는 피티아Pythia의 무녀巫女인 디오티마Diotima의 가르침에 근거해 에로스를 정의한다. 그에 따르면 에로스는 신도 인간도 아닌 영적인 존재 다이몬Daimon으로 풍요의 남신 포로스Poros와 빈곤의 여신 페니아Penia의 자식으로 그려진다. 그런데 에로스의 출생은 흥미롭게도 페니아의 자식에 대한 지극한 사랑과 포로스의 음주가 결합해 빚어진 사건이었다.

자신의 빈곤함이 싫었던 페니아는 그녀의 자식만큼은 부유하기를 원했다. 그래서 아프로디테의 생일 축하연에서 술에 흠뻑 취해 정원에 쓰러져 있던 포로스를 덮친다. 성공적으로 거사를 마친 페니아는 원했던 대로 임신에 성공했고, 그 결과 아들을 출산한다. 그러나 안타깝게도 그녀의 의도는 절반의 성공으로 그치고 만다. 자식인 에로스가 지긋지긋한 그녀의 가난을 벗어나긴 했지만, 아버지 포로스의 부유함을 딱 절반만 물려받고 말았던 것이다. 평균을 낸 것처럼 부모의 부유함과 빈곤함이 서로 상쇄 작용을 일으켜, 아주 가난하지도 완벽하게 부유하지 않은 어중간한 상태로 말이다.

에로스의 어중간함은 어머니 페니아와 자식인 에로스에게는 슬픈 일이겠지만, 여러 가지 측면에서 매우 상징적인 사건이다. 우선 에로스의 탄생 신화는 에로스가 우리의 행동을 추동하는 욕망이라는 점을 알려준다. 즉 자신 속에 무언가가 어중간하게 존재한다는 사실은 우리로 하여금 더 많은 것을 얻어 온전해지기를 욕구하게 만든다. 예컨대 자신의 지식이 완전하지 않다는 사실을 알게 된 자만이 더 배우려 한다. 모든 것을 아는 사람은 배울 필요가 없고, 자신이 무엇을 모르는지 까맣게 모르는 자는 전혀 배우려 하지 않는다. 결국 배우려는 사람은 자신의 지식이 어중간하다는 사실을 명확하게 인식하는 자이다.

이처럼 무엇이든 자신의 소유물이 충분하지 않음을 느낄 때 우리는 더 소유하려 노력한다. 그것이 지식이든, 물질적 부든, 혹은 아름다움이든. 그러니 에로스의 어중간함은 좋은 그 무엇을 더 획득하려는 욕망으로 이해될 수 있다. 나아가 이런 특성을 지닌 에로스는 신도 짐승도 아닌 중간자中間者인 인간 그 자체를 상징하기도 한다. 우리는 전지전능하고 불멸하는 신이 아니다. 그렇다고 절대적인 무지로 말미암아 주어진 본능에만 충실한 짐승도 아니다. 우리는 이성을 통해 부족함을 인식하기 때문에 더 온전해지기를 열망한다. 특히 플라톤에 따르면 중간자인 우리는 신과 같이 완전해지기를 갈구한다. 그리고 신은 그 욕망을 우리 영혼에 심어두었다는 것이다.

이와 같이 우리의 욕망을 상징하는 에로스는 우리 밖에 존재하는 좋은 그 무엇과 결합하려는 본성을 촉발한다. 플라톤은 《향연》에서 에로스가 밟아 올라가는 욕망 상승의 사다리를 자세하게 묘사하고 있다. 인간의 욕망은 이성異性과의 육체적 결합이라는 단계에서 출발해 육체에 내재한 보편적인 아름다움의 추구로 점차 발전해간다. 그런 다음에는 예술과 학문 같은 더 추상적인 아름다움을 갈구하고, 마지막에는 초월적인 아름다움, 즉 '아름다움 그 자체the beauty itself'로 묘사되는 것과 결합하기를 희망한다. 욕망 상승의 사다리에서 아름다움 그 자체는 영혼이 추구하는 궁극적인 목적으로 기능한다. 그리고 플라톤은 신적인 차원에 존재하는 아름다움 그 자체와 결합할 때 비로소 우리가 불멸의 존재이자 완전하다는 사실을 체험적으로 알게 된다고 주장한다.

그러므로 아름다운 육체와 결합함으로써 기쁨을 찾으려는 에로스의 원초적인 움직임은 더 높은, 즉 숭고한sublime 차원으로 승화sublimation되어야만 한다. 육체적 사랑이 아닌 학문과 형이상학적 차원에 대한 사랑을 '플라토닉 러브Platonic love'라고 부르는 이유가 바로 여기에 있다. 최종적으로 에로스는 형이상학적 아름다움 그 자체와 결합하려 시도한다. 이런 맥락에서 육체적 결합에만 머무르려는 시도는 에로스의 형이상학적 승화에 걸림돌이다. 그러니 모든 욕망을 성적 차원에서 해소하는 것은

| | |
기독교 신비주의를 표현한 조각상.
로마의 조각가 잔 로렌초 베르니니의
〈성녀 테레사의 환희The Ecstasy of Saint Teresa 〉(1652).

바람직하지 않고, 어떤 식으로든 에로스가 제어되어야지만 숭고한 차원으로 비상할 수 있다. 이런 도식을 수용하면 서양 종교사에서 발견되는 금욕주의적 성향은 멀리는 플라톤까지 거슬러 올라간다. 동시에 아름다움 그 자체와의 결합을 신비적 결합으로 해석할 경우 서양 신비주의의 원류 역시 플라톤에게서 발견된다.

이렇게 에로스를 결합의 힘으로 파악하면, 에로스는 결국 우리 자신을 규정하는 경계를 넘어서게 추동하고, 이로써 더 확장된 자기 정체성을 인식하게 만드는 원동력이 된다. 남녀 간의 에로틱한 사랑이 육체적 결합으로 완성될 때, 우리는 성적 기쁨과 더불어 자기가 확장되는 경험을 한다. 비슷한 맥락에서 궁극적 실재인 신과의 신비적 결합은 인간의 영혼에 무한과 영원의 감각을 부여한다.

이처럼 에로스가 협소한 경계를 뛰어넘게 만들어 자기 정체성을 확장시킨다는 사실은 여러 신화에서도 잘 묘사된다. 기독교의 아담과 이브 신화는 지혜의 열매가 모든 분리의 시발임을 알려준다. 열매를 따 먹음으로써 인간과 신, 신적인 세계와 인간의 세계, 죽음과 삶, 남자와 여자, 부모와 자식이 분리되었다는 것이다. 반면 영생의 열매는 이 모든 분리를 넘어서 애초에 하나였던 남녀가 재결합하고, 에덴동산에서 함께 살았던 신과 인간이 다시 만날 수 있도록 만들어준다. 결국 기독교 신비주의는 자기를 벗어나는 엑스터시 경험을 통해 신비적 재결합을 이루기를 희망한다.

그리스 신화 역시 크게 다르지 않다. 《향연》에서 태초의 인간은 자웅 동체의 결합으로 그려진다. 팔과 다리가 넷이고, 머리가 둘인 탓에 인간은 힘과 지력이 신에 육박하는 존재였다. 신은 오만해진 인간을 벌주고 견제하기 위해 태초의 인간을 둘로 분리시킨다. 그런데 흥미로운 사실은 분리 이전의 인간은 세 종류였다는 점이다. 남녀가 결합한 자웅 동체와 남녀 동성끼리 합해진 두 종류가 그것이다. 그러므로 본래의 '하나됨'을 회복하려는 힘은 이성 간의 결합뿐만 아니라, 동성 간의 결합도 지향한다. 그리스인은 기독교인과 달리 동성애의 신화적 근거도 친절하게 제시해주었던 것이다.

우리가 만약 시원적인 일원성을 회복하려는 힘을 에로스라고 부른다면, 이 힘은 남녀 간의 결합에서 멈추지 않고 궁극적 존재와 신비적으로 결합하는 것을 최종 목표로 삼는다. 따라서 에로스의 승화는 종교적, 더 정확하게는 신비주의적 차원으로 귀결된다. 이처럼 분리된 일체의 것들을 본래의 하나인 상태로 변화시키는 힘이 바로 에로스이고, 그 점에서 이 힘은 신과 인간을 결합시키려 한다. 우리는 켐프에게서 에로스의 점진적인 승화와 함께 그 승화된 에로스가 야기하는 힘을 생생하게 발견한다. 즉 그녀에게 일어난 에로스의 승화는 분리를 만들어낸 일체의 경계를 용감하게 가로질러, 더 큰 자기 정체성을 모색하도록 추동했음을 보여준다.

에로스와 자기 확장

켐프는 동시대인뿐만 아니라 오늘을 사는 우리 역시 당혹스럽게 만든다. 그녀의 삶이 통념으로 받아들여지는 여러 가지 경계를 과감하게 넘나들었기 때문이다. 마저리 켐프는 남과 여, 성과 속, 정통과 이단, 성직자와 평신도 등의 '경계'를 가로지르는 삶을 살았다. 물론 이 과정은 혼란을 불러일으켰지만, 동시에 더 큰 자기 정체성의 확장을 초래했다.

무엇보다 그녀는 삶의 성과 속이란 경계를 모호하게 만들었다. 특히 종교적인 성스러움과 성性의 관계가 그리 단순하고 명료하지만은 않다는 사실을 암시한다. 다시 말해 그녀의 삶 자체가 육체와 성性, 그리고 종교적 헌신이 분명하게 구분될 수 없다는 점을 보여주었다. 또 그녀는 올바른 종교성을 모색하면서 자신의 정체성을 포함해 당대의 시대적 통념과 끊임없이 갈등을 빚었고, 그 혼란은 오늘 우리에게도 여전히 영향을 미칠 수밖에 없다.

그리고 켐프의 다양한 종교 체험은 보이는 차원과 보이지 않는 차원의 경계가 고정되어 있지 않음을 알려준다. 나아가 그녀는 자신만의 체험에 입각해 중세 교회에서 압도적인 권위를 누리던 남성 종교인들과 그들의 신학에 도전했다. 특히 종교적 권위의 최종 근거를 경전이 아닌, 자신이 직접 체험한 하느님의 깊은 사랑에서 찾았다는 점에서 그녀는 당대의 지배적인 교리 체계와 사뭇 다른 입장을 취했다. 이런 맥락에서 켐프는 자신이 신과 친구처럼 대화하기 때문에 글을 제대로 읽을 수 없다거나 신학적 논의와 교리에 밝지 않다는 것이 그리 큰 문제가 아니라는, 당시로는 대단히 파격적인 주장을 펼쳤다.

이처럼 종교적 검열과 탄압이 생생했던 시기에 자신의 종교적 경험이 경전을 해석하는 중요한 근거라고 주장하고 여기에 충실했다는 점은 참으로 용기 있는 행동이 아닐 수 없다. 그런 탓일까. 그녀의 동시대인 특히 교계의 남성들은 그녀의 주장이 품고 있는 기존 교리 체계에 대한 위험성을 분명하게 인식하고 있었다. 그녀가 시종일관 받았던 의심의 눈초리와 종교적 탄압의 위협은 이 사실을 명확하게 증언한다.

나아가 유례를 찾기 힘든 그녀의 성지 순례 경험 역시 당대의 통념을 한참 벗어난 것이다. 여성의 몸으로 가까이는 유럽의 여러 나라를, 그리고 멀리는 예루살렘에 이르는 험난하고 위험스러운 여행을 감행했다는 사실은 당대의 여성에게 허락된 안정적인 테두리를 넘어서, 공간적으로도 자기 확장을 도모했다는 의미를 지닌다. 한편 성지 순례는 세속적인 공간이 성스러운 공간으로 변모한다는 점과 그 공간 속에서 세속적 존재가 성스러움을 새롭게 획득한다는 다중적인 의미를 지닌다. 따라서 그녀의 성지 순례는 여성이라는 존재가 성스러운 공간에서 본래의 성스러움을 회복함으로써 통념이 강요하는 성과 속의 경계를 무너뜨렸음을 뜻하기도 한다.

또한 켐프의 종교적 예민성은 심리적 차원에서 정상과 비정상의 경계를 되묻게 만든다. 그녀의 책이 번역되었을 때 독자들이 받았던 충격은 종교적인 성스러움이 사회가 통념적으로 주장하는 정상normal의 개념과 심각한 불협화음을 일으킬 수도 있다는 것이었다. 또 켐프의 자서전은 육체적 순결이나 청빈만을 강조한 그간의 영성 이해를 여성의 성性과 몸에 관한 문제로 바꾸었다는 점에서도 큰 의미를 지닌다. 켐프의 꼼꼼한 보고에서 드러나듯 그녀의 울음과 웃음, 성적인 환상과 죄, 강간에 대한 두려움 등은 육체와 밀접하게 관련된 것이자, 이전에는 받아들여지지 않았던 종교적 의미를 이 모든 육체적인 현상, 특히 여성의 육체에 새롭게 부여했기 때문이다.

요컨대 켐프는 여성의 몸으로 당대가 전통과 종교의 이름으로 설정해놓은 대단히 많은 경계를 넘나들었다. 종교와 세속의 경계, 정통과 이단의 경계, 성직자와 평신도의 경계, 남편과 부인의 전통적인 역할 경계, 유부녀와 처녀(수녀)의 경계, 지성적인 영성과 감각적이며 감성적인 영성의 경계, 신과 인간의 경계, 보이는 세계와 보이지 않는 세계의 경계 등이

| | |
티치아노 베첼리오의 〈종교적 사랑과 세속적 사랑Amor Sacro e Amor Profano〉(1514년).
마저리 켐프는 남과 여, 성과 속, 정통과 이단, 성직자와 평신도, 정상과 비정상 등의
'경계'를 가로지르는 삶을 살았다.

그것이다. 그래서일까. 그녀의 책이 발견되기 전까지 켐프는 전형적인 성
녀 중 한 사람으로 간주되었다. 하지만 책이 소개된 이후에는 정신 질환
을 가진 사람이자 성녀가 되고 싶은 과대망상 환자 등으로 격하되었다.
그러다 여성주의가 휩쓸었던 최근에는 여성 해방의 아이콘으로까지 승
격되었다. 그렇다면 켐프의 진정한 정체는 무엇일까?

신비주의는 경계와 분리를 허물고 시원적 일원성을 회복하는 일에
관련된다. 켐프는 어떤 신비가보다 더 많이 '경계'의 본질적인 의미를 되
묻게 만들었던 사람이었다. 그 점에서 그녀는 동시대인과 오늘날의 우리
에게 자기 정체성을 비추어 보도록 하는 거울과도 같다. 그 일이 누구에
게는 매우 불쾌할지라도 말이다. 그녀는 어떻게 이런 역할을 수행할 수
있었을까? 아마도 그녀가 겪었던 많은 고통과 시련이 그녀의 정체성을
여러모로 확장시켰기 때문일 것이다. 그런데 그런 고통 속에서도 켐프가

종교인의 연애 | | |

성지 순례를 다니고 지배적인 교권과 그토록 오랫동안 맞설 수 있었던 이유는 무엇이었을까. 그녀는 명료하게 답변한다. 신에 대한, 예수에 대한 절대적 사랑이 이 모든 일을 가능하게 해주었다고.

종교인의 사랑과 연애를 언급하면서 마저리 켐프를 다루는 이유는 명확하다. 지금껏 살펴본 것처럼 그녀의 삶은 종교적 사랑과 세속적 사랑 사이의 미묘한 관계를 포함해 참으로 당연해 보이는 것들을 되묻게 만들기 때문이다. 원래의 질문으로 되돌아가보자. 우리의 욕망, 특히 성적인 욕망은 종교적 완성에 치명적인 걸림돌일까? 신과 재결합하려는 영혼의 상승 과정에서 성적인 욕망은 장애물에 불과할까? 즉 성적 금욕은 종교적 완성에 불가결한 요소일까? 켐프의 삶은 역설적으로 이 물음을 더욱 모호하게 만든다. 그러나 이 모호함이 바로 현상에 내포된 경이로움을 재발견하게 만드는 열쇠일지도 모른다.

더구나 사랑은 그 대상이 무엇이든 참으로 경이로운 현상이다. 하지만 섣부른 해답과 단언은 경이로움을 제거한다. 오히려 모호함은 현상이 품고 있는 다채로움과 경이로움을 더욱 선명하게 드러낸다. 그러니 켐프의 삶은 하나의 거대한 수수께끼처럼 경이로움에 대한 우리의 예민성을 일깨워준다. 또 그녀가 의식적·무의식적으로 행한 숱한 경계 가로지르기는 우리를 규정하는 한계를 무너뜨리고 그 경계를 넘어선 더 큰 자기 인식을 가능하게 만든다. 물론 이 과정에서 혼란은 불가피하지만. 바로 이런 이유 때문에 켐프의 삶은 우리 자신이 누구인지를 비추어주는 거울이 된다.

오랫동안 마치 표백된 성녀처럼 존재하다가, 수백 년이 지나 전혀 성스럽지 않아 보이는 부엌에서 홀연히 등장해 커다란 당혹감을 전해준 캠프는 우리에게 여전히 수수께끼이다. 그런데 이런 수수께끼 같은 모호함이야말로 그녀가 지닌 치명적인 매력이 아닐까.

||| 사진 출처

'통일의 집', '위키피디아(wikipedia.org)', '황소자리'로 나누어 출처를 정리했습니다. 위키피디아의 경우에는 쪽번호 옆에 저작권자의 닉네임을 병기했습니다.

- **통일의 집**   p16, p20, p34, p38, p42, p47

- **위키피디아**   p78(Elmju), p58(Jacopo188), p101(BArchBot), p108(Joergens.mi), p115(Jesromtel), p120(Benutzer Thomas R.Schwarz), p130(Tetraktys), p133(Tetraktys), p151(Twice25), p154(Siebrand), p228(Bryan), 230p(Poliphilo), p235(Sailko)

- **황소자리**   p214